dt

»Warum rackere ich mich ab, statt, die feingliedrigen Händchen auf dem Rücken verschlungen, ›im Walde so für mich hin‹ zu gehen? Weil es nötig ist, daß jemand den täglichen Kram erledigt, und weil es viel zu wenig Leute gibt, die wollen und können.«
›Der tägliche Kram‹ enthält eine Auswahl aus Kästners Beiträgen für die ›Neue Zeitung‹, den ›Pinguin‹ und die ›Schaubude‹ aus den Jahren 1945 bis 1948: Chansons, Couplets, Glossen, Kritiken, Attacken, Märchen, Szenen, Tagebuchnotizen, Lieder, Aufsätze, Leitartikel, Repliken und Umfragen – Texte, die wiederspiegeln, was Deutschland in den ersten drei Jahren nach seinem Zusammenbruch bewegte.

Erich Kästner, geboren am 23. Februar 1899 in Dresden, studierte nach dem Ersten Weltkrieg Germanistik, Geschichte und Philosophie. 1925 Promotion. Neben schriftstellerischer Tätigkeit Theaterkritiker und freier Mitarbeiter bei verschiedenen Zeitungen. Während der Nazizeit hatte er Publikationsverbot und schrieb vor allem Drehbücher. Von 1945 bis zu seinem Tode am 29. Juli 1974 lebte Kästner in München und war dort u. a. Feuilletonchef der ›Neuen Zeitung‹ und Mitarbeiter der Kabarett-Ensembles ›Die Schaubude‹ und ›Die kleine Freiheit‹.

Erich Kästner

Der tägliche Kram

Chansons und Prosa 1945–1948

Deutscher Taschenbuch Verlag

Ungekürzte Ausgabe
Nach dem Text der ›Gesammelten Schriften‹
(Atrium Verlag, Zürich 1959) unter Hinzuziehung
der Erstausgabe von 1948
Februar 1989
3. Auflage April 1999
Deutscher Taschenbuch Verlag GmbH & Co. KG,
München
Lizenzausgabe mit freundlicher Genehmigung des
Cecilie Dressler Verlags, Hamburg
© 1948 Atrium Verlag, Zürich
Umschlagkonzept: Balk & Brumshagen
Umschlagbild: ›Das Casino an der Jetée-Promenade
in Nizza‹ (1950) von Raoul Dufy
(© VG Bild-Kunst, Bonn 1998)
Gesamtherstellung: C. H. Beck'sche Buchdruckerei,
Nördlingen
Gedruckt auf säurefreiem, chlorfrei gebleichtem Papier
Printed in Germany · ISBN 3-423-11011-2

Inhalt

1945
Kleine Chronologie statt eines Vorworts   7
Talent und Charakter 15
Sechsundvierzig Heiligabende 19

1946
Gescheit, und trotzdem tapfer 24
Eine unbezahlte Rechnung 29
Die Augsburger Diagnose 31
Das Leben ohne Zeitverlust 38
Gedanken eines Kinderfreundes 42
Lied einer alten Frau am Briefkasten 49
Die einäugige Literatur 52
Marschlied 1945 59
Die Chinesische Mauer 62
Der Mond auf der Schulbank 68
Wert und Unwert des Menschen 76
Begegnung mit Tucho 81
Der gordische Knoten 85
Zur Entstehungsgeschichte des Lehrers 88
Die Jugend hat das Wort 92
Der tägliche Kram 94
Die Klassiker stehen Pate 97
Le dernier cri 103
… und dann fuhr ich nach Dresden 106
Das Spielzeuglied 113

1947
Über das Auswandern 116
Erste Hilfe gegen Kritiker 119
Deutsches Ringelspiel 1947 126
Abrüstung in Bayern 134

Das Lied vom Warten 138
Mama bringt die Wäsche 141
Eine kleine Sonntagspredigt 147
Der Abgrund als Basis 152
Die Schildbürger 155
Das Märchen vom Glück 170
Kleines Solo 174

1948
Gleichnisse der Gegenwart 175
Catch as catch can 180
Das Märchen von der Vernunft 184
Die lustige Witwe 188
Gespräch im Grünen 191
Die Verlobung auf dem Seil 194
Die These von der verlorenen Generation 198
Wer fürchtet sich vorm schwarzen Mann? 205
Wahres Geschichtchen 211
Trostlied im Konjunktiv 214

Kleine Chronologie statt eines Vorworts

März 1945
Mit einem Handkoffer, einem Rucksack, einer Manuskriptmappe, einer Reiseschreibmaschine und einem Regenschirm fort aus Berlin. Sogar mit den erforderlichen Ausweisen. Als angebliches Mitglied einer Filmproduktionsgruppe, die in Tirol angeblich Aufnahmen machen will. Die Russen stehen bei Küstrin. Die Nationalsozialisten errichten, in voller Uniform und in vollem Ernst, geradezu kindische Straßensperren. Nachtfahrt über Potsdam, Dessau, Bamberg nach München. Beiderseits der Autobahn von Tieffliegern lahmgeschossene Fahrzeuge. Unterwegs, vier Uhr morgens, beginnt der Wagen zu brennen. Wir löschen mit Schnee. Auf einem Gut bei München schieben wir das angebratene Auto in eine Scheune. Mit der Eisenbahn geht es weiter. In Innsbruck Luftwarnung. Die Innsbrucker wandern, mit Klappstühlen und Ruhekissen, in die Felshöhlen. Wie Tannhäuser in den Hörselberg.

April 1945
Der Ortsgruppenleiter von Mayrhofen im Zillertal beordert die dreißig Männer der Filmgruppe – Architekten, Schreiner, Kameraleute, Autoren, Friseure, Schauspieler, Dramaturgen, Beleuchter, Aufnahmeleiter, Tonmeister – zum Volkssturm nach Gossensaß in Südtirol. Er tut's auf besonderes Betreiben der Direktorin des ins Hochgebirge »ausgewichenen« Lehrerinnenseminars, das die Hotels bevölkert. Die energische Pädagogin ist mit dem Gauleiter Hofer befreundet, der in Bozen residiert. Obwohl der Kontakt mit Berlin unterbrochen ist, gelingt es dem Produktionsleiter, unse-

re Einberufung rückgängig zu machen. Wir kaufen von den Bauern fürs letzte Geld Butter in gelben Klumpen und zehnpfundweise Schweizerkäse. Nur das Brot ist knapp. Lottchen strickt für eine Kellnerin Wadenstrümpfe mit Zopfmuster. Die Kellnerin beschafft uns Brot. Wir bewundern den Bergfrühling, pflücken Enzian und Trollblumen und treffen die ersten über die Pässe herunterkletternden Soldaten der am Po endgültig geschlagenen deutschen Südarmee. Der Bürgermeister und der Ortsgruppenleiter kommen abends ins Haus, um unserer Wirtin mitzuteilen, daß nun auch ihr letzter Sohn gefallen ist. Sie und die Tochter schreien die halbe Nacht. Wie Tiere im brennenden Stall. Dann wirft die Mutter das Hitlerbild in den Vorgarten. Im Morgengrauen holen sie es wieder herein.

Mai 1945

Großdeutschland hat kapituliert. Der Ortsgruppenleiter ist über Nacht spurlos verschwunden. Die Seminardirektorin hat sich, auf einem Hügel vorm Ort, mit vier Kolleginnen und Kollegen umgebracht. Die Verdunkelung wird aufgehoben. Als wir abends durch die erleuchteten Gäßchen gehen, sehen wir hinter den hellen Fenstern die Bäuerinnen an der Nähmaschine. Sie haben das Hakenkreuz aus den Fahnen herausgetrennt und nähen weiße Bettücher neben die rote Bahn. Denn Weiß-Rot sind die Farben der österreichischen Freiheitspartei. Zwei amerikanische Panzer halten beim Kramerwirt, der nun, als Freund Schuschniggs, Bürgermeister geworden ist. Immer mehr deutsche Soldaten kommen über die Berge. Die Pfade zu den Schneegipfeln sind mit fortgeworfenen Waffen, Orden und Rangabzeichen besät. Teile der »Rainbow-Division« übernehmen die militärische Verwaltung des Tals. Beim Kramerwirt verhandeln Offiziere des Stabs der

Wlassow-Armee, der nach Hintertux geflüchtet ist, mit einem amerikanischen Obersten wegen der Übergabe. Wir müssen uns in der Dorfschule melden und werden von amerikanischen Soldaten registriert. Auf einem einsamen Waldspaziergang begegnen wir einem riesigen Negersergeanten, der, ein aufgeklapptes Messer vorsorglich in der Hand haltend, vergnügt »Grrrüß Gott!« ruft. Die Lokalbahn fährt nicht mehr. Die Seminaristinnen wandern, ihre schweren Koffer schleppend, talab. Endlich dürfen sie heim. Nach Innsbruck. Zum Brenner. Ins Pustertal.

Juni 1945
Unsere Bewegungsfreiheit ist sehr beschränkt. Unsere neuen Ausweise gelten nur fünf Kilometer im Umkreise. Überall stehen Schilderhäuser und Kontrollposten. Der Briefverkehr hat aufgehört. Wir sind isoliert. Die Radioapparate sind umlagert. Was soll werden? Unsere Filmhandwerker bauen sich Wägelchen für ihr Gepäck. Schlimmstenfalls wollen sie nächstens zu Fuß nach Berlin zurück. Zu ihren Kindern und Frauen. Und zu den Russen. Aus Innsbruck fahren amerikanische Spezialisten vor und beschlagnahmen das gesamte Filminventar. Kurz darauf tauchen in verstaubten Jeeps die ersten Amerikaner und Engländer aus München auf. Es sind Kulturfachleute, Emigranten darunter. Alte Kollegen. Sie fahren kreuz und quer durchs Land und suchen festzustellen, wer von uns den Krieg überlebt hat, sowie, wer nach ihrer Meinung wert ist, ihn überlebt zu haben.

Juli 1945
Ich fahre, auf nicht ganz legale Art, in die Nähe von München. Zu fachlichen Besprechungen. Wildes Plänemachen und heftiges Mißtrauen lösen einander ab. Ewig kehrt die Frage wieder: »Warum sind Sie nicht

emigriert, sondern in Deutschland geblieben?« Dem, der es nicht versteht, kann man's nicht erklären. Anschließend acht Tage vergeblichen Wartens, auf einem Gut im Dachauer Moos, daß das Auto aus Tirol zurückkommt. Eisenbahn, Post, Telegraf, Telefon – alles ist tot. Gäste und Gastgeber werden nervös. Endlich fährt der Wagen in den Hof. Nun geht's wieder hinauf in die Zillertaler Alpen. Die Filmgruppe befindet sich in Auflösung. Es ist kein Geld da. Die Firma existiert nicht mehr. Der Produktionsleiter fährt heimlich fort, um irgendwo Geld aufzutreiben. Er wird unterwegs verhaftet. Monatelang wird man von ihm nichts mehr hören. Die Berliner Filmschreiner, Filmschlosser, Friseure, Elektrotechniker und Schneider verdingen sich. Verdienen ihren Unterhalt mit Feldarbeit. Oder als Handwerker. Oder als Zwischenhändler von Zigaretten, Butter, Käse und Kaffee. Die Zillertaler sind ungeduldig. Wenn wir Kurgäste wären, ja, aber so? Hinaus mit den Berlinern, der alte, ewig junge Schlachtruf ertönt. Im Rathaus erscheinen zwei französische Offiziere. Die Amerikaner übergeben Tirol den Marokkanern, heißt es. Auf einen Lastwagen gepfercht, mit einer hoffentlich noch gültigen Order, verlassen wir die Zillertaler Alpen und rattern, über Kufstein, ins Bayrische.

August 1945
Zwischenstation am Schliersee. Keine Verbindung mit Berlin, Leipzig, Dresden, nicht einmal mit München. Es ist, als läge die übrige Welt auf dem Mond. Mein letztes Paar Schuhe ist hin. Ein abgemusterter deutscher Leutnant hilft mir aus. Ein amerikanischer Sergeant, Pelzhändler von Beruf, freundet sich mit uns an. Er erzählt von Kanada und Alaska, von Pelzjägern, Hundeschlitten und Eskimobräuchen. Unser letztes Geld ist bis zum allerletzten Geld zusammenge-

schrumpft. Wir stecken hilflos fest, wie Nägel in einer Wand. Wer wird uns herausziehen? Und wann? Da, eines Tages, hält ein wackliges Auto vor dem Bauernhaus. Man holt uns für ein paar Tage nach München. Einige Schauspieler wollen dort ein Kabarett eröffnen. Daraus wird, wie sich bald zeigt, nichts werden. Wenn sich alle Pläne dieser Wochen verwirklichten, gäbe es bald mehr Kabaretts und Theater als unzerstörte Häuser. Immerhin, wir sind endlich wieder in einer Großstadt. Schliersee sieht uns auf Jahre hinaus nicht wieder.

September 1945
München ist »der« Treffpunkt derer geworden, die bei Kriegsende nicht in Berlin, sondern in West- oder Süddeutschland steckten. Mitten auf der Straße fallen sie einander um den Hals. Schauspieler, Dichter, Maler, Regisseure, Journalisten, Sänger, Filmleute – tags und abends stehen sie im Hof der Kammerspiele, begrüßen die Neuankömmlinge, erfahren Todesnachrichten, erörtern die Zukunft Deutschlands und der Zunft, wollen nach Berlin, können's nicht, wägen ab, ob's richtiger sei, hier oder in Hamburg anzufangen. In den Kammerspielen etabliert sich, zunächst noch sehr improvisiert, das Kabarett »Die Schaubude«. In der Reitmorstraße beginnt man, ein zerbombtes Theater für kommende Programme herzurichten. Die Stadt und der Staat ernennen Intendanten für erhaltene und noch im Bau befindliche Bühnen. Alle Welt scheint am Werke, einen Überfrühling der Künste vorzubereiten. Daß man wie die Zigeuner leben muß, hinter zerbrochenen Fenstern, ohne Buch und zweites Hemd, unterernährt, angesichts eines Winters ohne Kohle, niemanden stört das. Keiner merkt's. Das Leben ist gerettet. Mehr braucht's nicht, um neu zu beginnen. Die ersten Briefe von zu Hause treffen ein. Nicht per Post. Sie werden

hin- und hergeschmuggelt. Die Besorgung eines Briefs nach Berlin oder Dresden kostet zwanzig bis fünfzig Mark. Es ist ein neuer Beruf. Manche dieser geheimnisvollen Boten stecken das Geld ein und die Post ins Feuer. Hans Habe kreuzt auf. Als amerikanischer Captain. Er soll, in den Restgebäuden des ›Völkischen Beobachters‹, im Auftrage der Militärregierung eine Millionenzeitung für die amerikanische Zone starten. Ob wir die Feuilletonredaktion übernehmen wollen? Einverstanden. Im Auto fahren wir im Land umher und trommeln Mitarbeiter zusammen. Wo kriegen wir Bücher her? Woher ein Archiv? Woher einen Musikkritiker? Woher ausländische Zeitschriften? Wir arbeiten Tag und Nacht. Es geht zu wie bei der Erschaffung der Welt. Besprechungen in Stuttgart wegen der Gründung einer Jugendzeitschrift. Wegen des Neudrucks von im Jahre 1933 verbrannten Büchern. In der Reitmorstraße wächst die ›Schaubude‹ Stein um Stein. Auf geht's!

Am 18. Oktober 1945 erschien die erste Nummer der ›Neuen Zeitung‹. Am 1. Januar 1946 erschien bei Rowohlt in Stuttgart das erste Heft des ›Pinguin‹, unserer Jugendzeitschrift. Wenig später eröffneten wir mit einem neuen Programm das Kabarett ›Die Schaubude‹ im eignen Haus.

Das vorliegende Buch enthält eine Auswahl aus meinen zahlreichen Beiträgen für die ›Neue Zeitung‹, den ›Pinguin‹ und die ›Schaubude‹ aus den Jahren 1945 bis 1948. Chansons, Couplets, Glossen, Kritiken, Attakken, Märchen, Szenen, Tagebuchnotizen, Lieder, Aufsätze, Leitartikel, Repliken, Umfragen. Es handelt sich um eine bunte, um keine willkürliche Sammlung. Sie könnte, im Abglanz, widerspiegeln, was uns in den drei Jahren nach Deutschlands Zusammenbruch bewegte. Worüber man nachdachte. Worüber man lächelte. Was uns erschütterte. Was uns zerstreute. Gelegentlich werden kurze Kommentare die Absicht des Buchs unterstützen. Dem gleichen Zwecke dient die chronologische Reihenfolge der Arbeiten.

Herbst 1948, noch immer zwischen
Krieg und Frieden   Erich Kästner

Im Oktober 1945 in der ›Neuen Zeitung‹. Dieser nach zwei Seiten durchgeführte Angriff war dringend notwendig. Überall fehlte es an den richtigen Männern am richtigen Platz.

Talent und Charakter

Als ich ein kleiner Junge war – und dieser Zustand währte bei mir ziemlich lange –, glaubte ich allen Ernstes folgenden Unsinn: Jeder große Künstler müsse zugleich ein wertvoller Mensch sein. Ich konnte mir überhaupt nicht vorstellen, daß bedeutende Dichter, mitreißende Schauspieler, herrliche Musiker im Privatleben sehr wohl Hanswürste, Geizhälse, Lügner, eitle Affen und Feiglinge sein könnten. Die damaligen Lehrer taten das Ihre, diesen holden »Idealismus« wie einen Blumentopf fleißig zu begießen. Man lehrte uns zusätzlich die Weisheit des alten Sokrates, daß der Mensch nur gescheit und einsichtsvoll genug zu werden brauche, um automatisch tugendhaft zu werden. So bot sich mir schließlich ein prächtiges Panorama: Ich sah die Künstler, die gleichzeitig wertvolle Menschen und kluge Köpfe waren, ich sah sie dutzend-, ja tausendweise in edler Vollendung über die Erde wallen. (Damals beschloß ich, Schriftsteller zu werden.)

Später boten sich mir dann in reichem Maße vortreffliche Gelegenheiten, meinen schülerhaften Köhler- und Künstlerglauben gründlich zu revidieren. Es dauerte lange, bis ich den damit verbundenen Kummer verwunden hatte, und noch heute, gerade heute, bohrt er manchmal wieder, wie der Schmerz in einem Finger oder einer Zehe bohren soll, die längst amputiert worden ist.

Als mich im Jahre 1934 der stellvertretende Präsident der Reichsschrifttumskammer, ein gewisser Doktor Wißmann, in sein Büro zitierte und sich erkundigte, ob ich Lust hätte, in die Schweiz überzusiedeln und dort, mit geheimen deutschen Staatsgeldern, eine Zeitschrift gegen die Emigranten zu gründen, merkte ich, daß er über den Zusammenhang von Talent und Charakter noch rigoroser dachte als ich. Er schien, durch seine Erfahrungen im Ministerium gewitzigt, geradezu der Ansicht zu sein, Talent und Charakter schlössen einander grundsätzlich aus.

Glücklicherweise hatte dieser goldene Parteigenosse nicht recht. Es gab und gibt immer begabte Leute, die trotzdem anständige Menschen sind. Nur eben, sie sind selten und seltener geworden. Die einen verschlang der erste Weltkrieg. Andere flohen ins Ausland, als Hitler Hindenburgs Thron bestieg. Andere blieben daheim und wurden totgeschlagen. Viele fraß der zweite Weltkrieg. Manche liegen noch heute, zu Asche verbrannt, unter den Trümmern ihrer Häuser. – Der Tod, der den Stahlhelm trägt und die Folterwerkzeuge schleppt, gerade dieser Tod hat eine feinschmekkerische Vorliebe für die aufrechten, begabten Männer.

Und nun, wo wir darangehen wollen und darangehen dürfen und darangehen müssen, neu aufzubauen, sehen wir, daß wir angetreten sind wie eine ehemals stattliche Kompanie, die sich, acht Mann stark, aus der Schlacht zurückmeldet.

Aber wir bemerken noch etwas. Wir beobachten Zeitgenossen, die der frommen Meinung sind, der Satz: »Es gibt Talente mit Charakter!« ließe sich abwandeln in einen anderen, ebenso schlüssigen Satz, welcher etwa lautet: „Aufrechte Männer sind besonders talentiert!"

Das wäre, wenn es häufig zuträfe, eine musterhafte,

meisterhafte Fügung des Schicksals. Der Satz ist nur leider nicht wahr. Wer ihn glaubt, ist abergläubisch.

Und dann gibt es einen weiteren gefährlichen Irrtum. Einen Irrtum, der, von vielen begangen, vielerlei verderben könnte, auch wenn man ihn gutgläubig beginge. Ich meine die Mutmaßung, gerade diejenigen, die mit eiserner Beharrlichkeit auf ihre besondere Eignung für wichtige Stellungen im Kulturleben hinweisen, seien tatsächlich besonders geeignet! Man darf solchen Leuten nicht unbedingt glauben. Sie täuschen sich womöglich in sich selber. So etwas kommt vor. Oder sie gehören zu den Konjunkturrittern, die, wenn ein Krieg vorbei und verloren ist, klirrend ins Feld zu ziehen pflegen!

Nicht so sehr ins Feld wie in die Vor- und Wartezimmer. Sie hocken auf den behördlichen Stühlen wie sattelfeste, hartgesottene Kavalleristen. Nicht jeder Künstler ist ein solcher Stuhl- und Kunstreiter. Gerade viele der Besten haben weder die Zeit, noch die Neigung, Rekorde im Sich-Anbieten aufzustellen. Es widert sie an, vor fremden Ohren ihr eigenes Loblied zu singen. Sie pfeifen aufs Singen und arbeiten lieber daheim als im Schaufenster. Das ist aller Ehren wert und dennoch grundfalsch und eine Sünde.

Die weiße Weste soll für uns keine Ordenstracht sein und auch keine neue Parteiuniform, sondern eine Selbstverständlichkeit. So wenig wie die Qualität des Sitzfleisches ein Gesichtspunkt für die Verleihung verantwortlicher Stellungen sein darf, so wenig darf Heinrich Heines Hinweis unbeachtet bleiben, daß es auch unter braven Leuten schlechte Musikanten gibt. Denn schlechte Musikanten, und wenn sie noch so laut Trompete blasen, können wir nicht brauchen. Man soll ihnen meinetwegen die weiße Weste 2. Klasse oder die weiße Weste 1. Klasse verleihen, oder die weiße Weste mit Eichenlaub, an einem weißen Ripsband um den

Hals zu tragen! Das wird sie freuen und tut keinem weh.

Aber mit wichtigen Schlüsselstellungen darf man ihre saubere Gesinnung und Haltung nicht belohnen. Für solche Späße ist die Zeit zu ernst. Nicht die Flinksten, nicht die Ehrgeizigsten, auch die nicht, die nichts als brav sind, sollen beim Aufbau kommandieren, sondern die tüchtigsten Kommandeure! Menschen, die außer ihrer weißen Weste das andere, das Unerlernbare, besitzen: Talent!

Sie müssen ihr Zartgefühl überwinden. Erwürgen müssen sie's. Vortreten müssen sie aus ihren Klausen. Aufspringen müssen sie von ihren Sofas. Hervorschieben müssen sie sich hinter ihren Öfen, in denen das selbstgeschlagene Holz behaglich knistert.

Jetzt geht es wahrhaftig um mehr als um privates Zartgefühl oder gar ums Nachmittagsschläfchen! Es ist Not am Mann. Es geht darum, daß auf jedem Posten der tüchtigste Mann steht.

Es geht darum, daß die tüchtigsten Männer Posten stehen!

Weihnachten 1945 in der ›Neuen Zeitung‹, Kinderbeilage. Hier wäre allenfalls darauf hinzuweisen, daß dieser Abend für Millionen Deutsche gleich schmerzlich verlief und daß das Feuilleton nur deshalb geschrieben wurde.

Sechsundvierzig Heiligabende

Fünfundvierzigmal hintereinander hab ich mit meinen Eltern zusammen die Kerzen am Christbaum brennen sehen. Als Flaschenkind, als Schuljunge, als Seminarist, als Soldat, als Student, als angehender Journalist, als verbotener Schriftsteller. In Kriegen und im Frieden. In traurigen und in frohen Zeiten. Vor einem Jahr zum letztenmal. Als es Dresden, meine Vaterstadt, noch gab.

Diesmal werden meine Eltern am Heiligabend allein sein. Im Vorderzimmer werden sie sitzen und schweigend vor sich hinstarren. Das heißt, der Vater wird nicht sitzen, sondern am Ofen lehnen. Hoffentlich hat er eine Zigarre im Mund. Denn rauchen tut er für sein Leben gern. »Vater hält den Ofen, damit er nicht umfällt«, sagte meine Mutter früher. Mit einem Male wird er »Gute Nacht« murmeln und klein und gebückt, denn er ist fast achtzig Jahre alt, in sein Schlafzimmer gehen.

Nun sitzt sie ganz einsam und verlassen. Ein paarmal hört sie ihn nebenan noch husten. Schließlich wird es in der Wohnung vollkommen still sein ... Bei Grüttners oder Ternettes singen sie vielleicht »O du fröhliche, o du selige«. Meine Mutter tritt ans Fenster und schaut auf die weißbemützten Häuserruinen gegenüber. Am Neustädter Bahnhof pfeift ein Zug. Aber ich werde nicht in dem Zug sein.

Dann wird sie in ihren Kamelhaarpantoffeln leise und langsam durchs Zimmer wandern und meine Fotografien betrachten, die an den Wänden hängen und auf dem Vertiko stehen. In den Büchern, die ich geschrieben habe und die sie auf den Tisch gelegt hat, wird sie blättern. Seufzen wird sie. Und vor sich hinflüstern: »Mein guter Junge.« Und ein wenig weinen. Nicht laut, obwohl sie allein im Zimmer ist. Aber so, daß ihr das alte, tapfere Herz weh tut.

Wenn ich daran denke, ist mir es, als müßte ich, hier in München, auf der Stelle vom Stuhl aufspringen, die Treppen hinunterstürzen und ohne anzuhalten bis nach Dresden jagen. Durch die Straßen und Wälder und Dörfer. Über die Brücken und Berge und verschneiten Äcker und Wiesen. Bis ich endlich außer Atem vor dem Hause stünde, in dem sie sitzt und sich nach mir sehnt, wie ich mich nach ihr.

Aber ich werde nicht die Treppen hinunterstürzen. Ich werde nicht durch die Nacht nach Dresden rennen. Es gibt Dinge, die mächtiger sind als Wünsche. Da muß man sich fügen, ob man will oder nicht. Man lernt es mit der Zeit. Dafür sorgt das Leben. Sogar von euch wird das schon mancher wissen. Vieles erfährt der Mensch zu früh. Und vieles zu spät.

Meine liebe Mutter ... Nun bin ich doch selber schon ein leicht angegrauter, älterer Herr von reichlich sechsundvierzig Jahren. Aber der Mutter gegenüber bleibt man immer ein Kind. Mutters Kind eben. Ob man sechsundvierzig ist oder Ministerpräsident von Bischofswerda oder Johann Wolfgang von Goethe persönlich. Das ist den Müttern, Gott sei Dank, herzlich einerlei!

Später wird sie sich eine Tasse Malzkaffee einschenken. Aus der Zwiebelmusterkanne, die in der Ofenröhre warmsteht. Dann wird sie ihre Brille aufsetzen und meinen letzten Brief noch einmal lesen. Und ihn sinken lassen. Und an die fünfundvierzig Heiligabende denken, die wir gemeinsam verlebt haben. An Weihnachtsfeste besonders, die weit, weit zurückliegen. In längstvergangenen Zeiten, da ich noch ein kleiner Junge war.

An das eine Mal etwa, wo ich ihr einen großen, schönen, feuerfesten Topf gekauft hatte und mit ihm, als sie mich zur Bescherung rief, hastig durch den Flur rannte. Als ich ins Zimmer einbiegen wollte, begann ich strahlend: »Da, Mutti, hast du ...« Ich wollte natürlich rufen: »... einen Topf!« Aber nein, Mutters feuerfester Topf kam leider, als ich in die Zielgerade einbog, mit der Tür in Berührung. Er zerbrach, und ich stammelte entgeistert: »Da, Mutti hast du – einen Henkel!« Denn mehr als den Henkel hatte ich nicht in der Hand.

Wenn sie daran denkt, wird sie lächeln. Und einen Schluck Malzkaffee trinken. Und sich anderer Weihnachten erinnern. Vielleicht jenes Heiligabends, an dem ich ihr die »sieben Sachen« schenkte. Verlegen überreichte ich ihr eine kleine, in Seidenpapier gewickelte Pappschachtel und sagte, während sie diese unterm Christbaum vorsichtig und gespannt auspackte: »Weißt du, ich habe doch nicht viel Geld gehabt – aber es sind sieben Sachen, und alle sieben sind sehr praktisch!« In der Schachtel fand sie eine Rolle schwarzen Zwirn, eine Rolle weißen Zwirn, eine Spule schwarzer Nähseide, eine Spule weißer Nähseide, ein Briefchen Sicherheitsnadeln, ein Heftchen Nähnadeln und ein Kärtchen mit einem Dutzend Druckknöpfchen. Sieben Sachen! Da freute sie sich sehr, und ich war stolz wie der Kaiser von Annam.

Oder ihr fällt jener Weihnachtsabend ein, an dem ich, nach der Bescherung, noch zu Försters Fritz, meinem besten Freunde, lief, um zu sehen, was denn er bekommen hatte. Seinen Eltern gehörte das Milchgeschäft an der Ecke Jordanstraße ... Ganz plötzlich kam ich wieder nach Hause. Ich stand, als meine Mutter die Tür öffnete, blaß und verstört vor ihr. Försters Fritz hatte eine Eisenbahn geschenkt bekommen, und als ich damit hatte spielen wollen, hatte er mich geschlagen!

Da stand ich nun klein und ernst vor ihr und fragte, was ich tun solle. Zurückschlagen hatte ich nicht können. Er war ja mein bester Freund! Und warum er mich eigentlich geschlagen hatte, begriff ich überhaupt nicht. Was hatte ich ihm denn getan?

Damals hatte meine Mutter zu mir gesagt: »Es war richtig, daß du nicht zurückgeschlagen hast! Einen Freund, der uns haut, sollen wir nicht auch prügeln, sondern mit Verachtung strafen.«

»Mit Verachtung strafen?« Ich machte kehrt.

»Wo willst du denn hin?« fragte meine Mutter.

»Wieder zurück!« erklärte ich energisch. »Ihn mit Verachtung strafen!« Und so ging ich wieder zu Försters und verbrachte den Rest des Abends damit, meinen Freund Fritz gehörig zu verachten. Leider weiß ich nicht mehr, wie ich das im einzelnen gemacht habe. Schade. Sonst könnte ich euch das Rezept verraten.

Oder meine Mutter wird an einen anderen Heiligabend denken, der nicht ganz so weit zurückliegt. Es sind höchstens zwanzig Jahre her – da gingen wir, nach unserer Bescherung, an den Albertplatz zu Tante Lina, um dabeizusein, wenn der kleine Franz beschert bekäme. Franz war das Kind meiner früh verstorbenen Base Dora.

Ich war damals ungefähr fünfundzwanzig Jahre alt. Und plötzlich sagte Tante Lina, der Weihnachtsmann, der zum kleinen Franz hätte kommen sollen, habe in letzter Minute wegen Überlastung abtelefoniert, und ich müsse ihn unbedingt vertreten! Sie zogen mir einen umgewendeten Pelz an, hängten mir einen großen weißen Bart aus Watte um, drückten mir einen Sack mit

Äpfeln und Haselnüssen in die Hand und stießen mich in das Zimmer, wo Franz, der kleine Knirps, neugierig und etwas ängstlich auf den richtigen Weihnachtsmann wartete. Als ich ihn mit kellertiefer Stimme fragte, ob er auch gut gefolgt habe, antwortete er: O ja, das habe er schon getan. Und dann kitzelte mich der alberne Wattebart derartig in der Nase, daß ich laut niesen mußte.

Und der kleine Franz sagte höflich: »Prost, Onkel Erich!« Er hatte den Schwindel von Anfang an durchschaut und hatte nur geschwiegen, um uns Erwachsenen den Spaß nicht zu verderben.

Meine Mutter in Dresden wird also an vergangene glücklichere Weihnachten denken. Und ich in München werde es auch tun. Erinnerungen an schönere Zeiten sind kostbar wie alte goldene Münzen. Erinnerungen sind der einzige Besitz, den uns niemand stehlen kann und der, wenn wir sonst alles verloren haben, nicht mitverbrannt ist. Merkt euch das! Vergeßt es nie!

Während ich am Schreibtisch sitze, werden meiner Mutter vielleicht die Ohren klingen. Da wird sie lächeln und meine Fotografien anblicken, ihnen zunikken und flüstern: »Ich weiß schon, mein Junge, du denkst an mich.«

Im ersten Heft des ›Pinguin‹, Januar 1946. Die Rat- und Tatlosigkeit inmitten der Trümmer hatte besonders die Jugend ergriffen. Es ging darum, sich ihr anzubieten, ohne sich ihr aufzudrängen.

Gescheit, und trotzdem tapfer

Nun ist es fast ein Jahr her, daß mich der Krieg und der Zufall nach Süddeutschland verschlugen. Wenn ich, wie jetzt, in der Wohnung, die mir fremde Leute vermietet haben, vom Schreibtisch aus, der mir nicht gehört, durchs Fenster blicke, sehe ich über die mit Schutthaufen bepflanzte Straße in einen kahlen struppigen Vorgarten. Darin liegt der Rest einer Villa wie ein abgenagter Knochen, den das Feuer des Krieges wieder ausgespuckt hat. Aus den niederen Mauerresten ragen drei spindeldürre Schornsteine empor. An dem einen klebt, wie eine versehentlich dorthin gewehte große Ziehharmonika, ein rostiger Heizkörper, und am zweiten hängt, noch ein paar Meter höher, von dünnen, verbogenen Eisenstäben gehalten, ein Wasserboiler. Er ähnelt einer sinnlos in der Luft schwebenden, viel zu großen Botanisiertrommel. Nachts, wenn der Föhn durch die Straßen rast, zerrt und reißt er an dem Boiler, daß ich von dem wilden Geklapper und Geschepper aufwache und stundenlang nicht wieder einschlafen kann.

Jetzt, am frühen Nachmittag, hängt der Kessel ganz still. Und wie ich eben hinüberblicke, setzt sich eine schwarze Amsel darauf, öffnet den gelben Schnabel und singt. Es handelt sich um eine kleine Probe für das nächstens in Aussicht genommene, längst auf den Kalendern vorangekündigte Frühlingskonzert. Amseln suchen sich für ihre Gesangsübungen mit Vorliebe hochgelegene Plätze aus. Ob das nun ein friedlicher, heiler Pfarrhausgiebel auf dem Lande, ein sanft sich schaukelnder Pappelwipfel oder ein zerquetschter Wasserboiler ist, der von Rechts wegen in eine Küche gehört und nicht in Gottes freie Natur, ist dem Reichsverband der Amseln vollkommen gleichgültig.

Die Natur nimmt auf unseren verlorenen Krieg und auf den seit langem angedrohten Untergang des Abendlandes nicht die geringste Rücksicht. Bald wird der Flieder zwischen den Trümmern duften. Und auf der Wiese vor der Kunstakademie, wo drei gewaltige gußeiserne Löwenmännchen, von Bombensplittern schwer verletzt, schwarz und ein bißchen verlegen im Grase liegen, werden bald die Blumen blühen.

Die Vögel singen ihr Lied, wenn es nicht anders geht, auch auf hoch in der Luft schwebenden Wasserkesseln. Und der Frühling wird, wenn es sein muß, zwischen Mauerresten und durchlöcherten Löwen seine Blüten treiben. Die Natur kehrt sich nicht an die Geschichte. Sie baut wieder auf, ohne darüber nachzudenken.

Aber der Mensch ist ein denkendes Wesen. Er gehört nur zum Teil in die Naturkunde. Seine Häuser wachsen ihm nicht von selber, wie den Schnecken. Die weißen Brötchen und der Rinderbraten fliegen nicht fix und fertig in der Luft herum, wie die Mücken für die Schwalben. Und die Wolle wächst ihm nur auf dem Kopfe nach, nicht auch am Körper, wie den Tieren im Wald. Das meiste von dem, was er braucht, muß er sich durch Arbeit und Klugheit selber schaffen. Falls er nicht vorzieht, es durch Gewalt anderen zu entreißen. Wenn die anderen sich dann wehren, Hilfe erhalten und ihm, was er tat, heimzahlen, geht es ihm so, wie es in den letzten Jahren uns ergangen ist. Dann steht er, wie wir jetzt, zwischen Trümmern und Elend. Dann wird es hohe Zeit, wie bei uns, daß er sich besinnt. Daß er aus der Sackgasse, an deren Ende er angelangt ist, entschlossen herausstrebt. Daß er nicht, mit den Händen in den Hosentaschen, faul und achselzuckend herumsteht. Sondern daß er einen neuen Weg einschlägt. Mutig, und trotzdem vernünftig. Gescheit, und trotzdem tapfer.

Bei dem neuen Versuch, unser Vaterland wieder aufzubauen, bei dem Wettlauf mit dem Frühling und dem Sommer, die es leichter haben als wir, kommt es nämlich nicht nur auf Ziegelsteine, Gips, Baumwolleinfuhr, Saatkartoffeln, Sperrholz, Nägel, Frühgemüse und Lohnsteuerzuschläge an, sondern auf unseren Charakter. Wir müssen unsere Tugenden revidieren. Für die Neubeschaffung wertvoller und wertbeständiger Eigenschaften brauchen wir keine Einfuhrgenehmigungen und keine Auslandskredite, obwohl Tugenden die wichtigsten Rohstoffe für den Wiederaufbau eines Landes sind. Als Heinrich Himmler in einer seiner letzten Reden die Frauen aufforderte, auf den Feind, wenn er in die Städte dringe, aus den Fenstern heißes Wasser herunterzuschütten, forderte er sie nicht auf, mutig zu sein, sondern dumm und verrückt. Er wußte, daß der Krieg längst verloren war und daß man mit ein paar Töpfen voll heißem Wasser keine feindlichen Panzer vernichten kann. Wer Panzer mit heißem Wasser bekämpfen will, ist nicht tapfer, sondern wahnsinnig. Und als Joseph Goebbels die Bewohner der Großstädte aufforderte, die feindlichen Luftangriffe von unseren wackligen Kellern aus mit dem unerschütterlichen, unbeugsamen deutschen Siegeswillen zu bekämpfen, verlangte er nicht, daß wir tapfer wären, obwohl er es so nannte. Wenn man keine Flugzeuge, kein Benzin und keine Flak mehr hat, hat man den Krieg verloren. Mit der Phrase des Siegeswillens kann man keine Bombengeschwader bekämpfen. Diese

Männer haben sich über das deutsche Volk und dessen Tugenden, während sie selber schon nach den Zyankalikapseln in ihrer Jacke griffen, in abscheulicher Weise lustig gemacht. Und sie wußten, daß sie das ungestraft tun könnten; denn sie kannten unseren Charakter, sie hatten ihn, ehe sie an die Macht kamen, studiert, und sie hatten ihn, während sie an der Macht waren, durch Phrasen, Zuckerbrot und Peitsche systematisch verdorben. Das interessanteste und traurigste Buch, das über das Dritte Reich geschrieben werden muß, wird sich mit der Verderbung des deutschen Charakters zu beschäftigen haben. Niemals in unserer Geschichte hat ein solcher Generalangriff auf die menschlichen Tugenden stattgefunden. Nie zuvor sind Eigenschaften wie Zivilcourage, Ehrlichkeit, Gesinnungstreue, Mitleid und Frömmigkeit so grausam und teuflisch bestraft, nie vorher sind Laster wie Roheit, Unterwürfigkeit, Käuflichkeit, Verrat und Dummheit so maßlos und so öffentlich belohnt worden.

Alle Amerikaner, die sich amtlich mit mir abgeben mußten, haben mich gefragt, warum ich in Deutschland geblieben sei, obwohl ich doch nahezu zwölf Jahre verboten war. Und obwohl ich, wenn ich emigriert wäre, in London, Hollywood oder auch in Zürich ein viel ungefährlicheres und angenehmeres Leben hätte führen können. Und nicht alle der Amerikaner, die mich amtlich fragten, haben meine Antwort gebilligt und verstanden. Ich habe ihnen nämlich gesagt: »Ein Schriftsteller will und muß erleben, wie das Volk, zu dem er gehört, in schlimmen Zeiten sein Schicksal erträgt. Gerade dann ins Ausland zu gehen, rechtfertigt sich nur durch akute Lebensgefahr. Im übrigen ist es seine Berufspflicht, jedes Risiko zu laufen, wenn er dadurch Augenzeuge bleiben und eines Tages schriftlich Zeugnis ablegen kann.«

Nun also, ich bin zwölf Jahre lang Zeuge gewesen. Ich habe erlebt, wie schwer es den Deutschen gemacht wurde, ihre menschlichen Tugenden zu bewahren, und wie leicht es manchem fiel, sie aufzugeben. Aber ich weiß auch, daß die nicht recht haben, die sich heute hinstellen und sagen, wir seien endgültig unfähig geworden, menschlich zu empfinden und »demokratisch« zu handeln.

Wir wollen ihnen beweisen, daß sie unrecht haben! Wir wollen Deutschland neu aufbauen und bei unserem Charakter beginnen!

Januar 1946, ›Neue Zeitung‹. Die damals in der ›Neuen Zeitung‹ anhand einer Fotokopie abgebildete Gesamtrechnung ging mittlerweile leider verloren. Der Schulz, von dem die Rede ist, starb, wie sich später herausstellte, im Kriegsgefangenenlager eines natürlichen Todes.

Eine unbezahlte Rechnung

Die ›Neue Zeitung‹ veröffentlicht die Fotokopie einer Rechnung. Einer »Kostenrechnung« der Reichsanwaltschaft beim Volksgerichtshof, ausgeschrieben von der Gerichtskasse Moabit am 11. Mai 1944. Einer Rechnung, die damals an eine Frau geschickt wurde, damit diese die Unkosten begleiche, die dem Staat daraus erwachsen waren, daß er ihren Mann am 3. Mai 1944 hatte hängen lassen. Einer Rechnung über 585,74 RM, die »binnen einer Woche« bezahlt werden mußten, da »nach Ablauf der Zahlungsfrist die zwangsweise Einziehung ohne weitere Mahnung« zu gewärtigen war. Einer Rechnung, deren Echtheit unbezweifelbar ist und die man trotzdem nicht glauben will. Einer Rechnung, die der Gerichtskasse längst bezahlt wurde, mit jenem Staat aber noch lange nicht beglichen ist!

Tausende und Abertausende solcher Rechnungen sind vom nationalsozialistischen Staat ausgeschrieben worden. Es genügte ihm nicht, unschuldige Menschen aufzuhängen. Er ließ sich auch, gemäß den Paragraphen der Gerichtskosten-Gebührenordnung, die aus dem Mord erwachsenen Unkosten aufs Postscheckkonto überweisen. Es war ein ordnungsliebender Massenmörder, dieser Staat. »Gebühr für Todesstrafe«: 300 RM. War das etwa zuviel? Gebühr für den

»Pflichtanwalt«, also für den Mann, der sanftmütig zu erklären hatte: »Mein Mandant ist mit seiner Erdrosselung selbstverständlich einverstanden«, 81,60 RM. Ist das zu teuer? Und so genau! Die sechzig Pfennige waren vermutlich die Auslagen des Herrn Doktor für die Straßenbahn. »Vollstreckung des Urteils«: 158,18 RM. Das ist geschenkt! Dafür, daß ich einen ehrlichen, tapferen, klugen Mann hängen soll, würde ich mehr verlangen! Und noch eins – wie mögen diese bürokratischen Teufel wohl auf die achtzehn Pfennige am Ende der Summe verfallen sein?

O armer Erich Knauf! Zwanzig Jahre kannte ich ihn. Setzer in der ›Plauener Volkszeitung‹ war er gewesen, bevor er Redakteur, Verlagsleiter und Schriftsteller wurde. Ein Mann aus dem Volke. Und sein Leben lang ein Mann für das Volk. Ein Mann, den wir jetzt brauchen könnten wie das liebe Brot! Einer von denen, die den staatlich konzessionierten Verbrechern samt ihrer doppelten Buchführung bis aufs Blut verhaßt waren.

Dabei fällt mir ein anderer Mann ein. Ein ganz anderer Mann. Was mag der wohl machen? Jener Lump, der Abend für Abend fein säuberlich eintrug, was Knauf und E. O. Plauen, der Zeichner, gesagt hatten? Der dann hinging und die beiden an den Strick lieferte? Der, ehe die zwei davon wußten, über »die ja nun bald frei werdenden Zimmer« im Haus disponierte? Was macht denn dieser Herr Schulz, damals Hauptmann der Reserve im OKW? Dieser Verleger von Zeitschriften, die sich mit »Körperkultur« befaßten, um auf Glanzpapierseiten Nacktfotos abbilden zu können? Wie geht es ihm denn, dem Herrn Hauptmann? Hat er das letzte Kriegsjahr gesund und munter überstanden?

Januar 1946, ›Neue Zeitung‹. Die Begegnung mit moderner, insbesondere abstrakter Kunst zeitigte zweierlei: frenetisches Interesse und erstaunliche Intoleranz. So bot sich gerade die Malerei als »Toleranzthema« an. Von der Flut der Zuschriften an die Blätter macht man sich kaum eine Vorstellung. Die Menschen froren, hungerten, hatten keine Tinte und kein Briefpapier. Trotzdem bekam damals z. B. die ›Neue Zeitung‹ wöchentlich etwa zweitausend »Stimmen aus dem Leserkreis«, oft lange Abhandlungen, nahezu immer mit der genauen Adresse des Absenders. Das Bedürfnis, die eigne Meinung namentlich zu vertreten, war ungewöhnlich. Auch bei heikleren Themen als diesem. Meine Absicht, die Zuschriften anläßlich der »Augsburger Diagnose« in einem zweiten Artikel auszuwerten, scheiterte schließlich an der Materialfülle.

Die Augsburger Diagnose
Kunst und deutsche Jugend

Die vor der sprichwörtlichen Tür stehenden und frierend von einem Bein aufs andre tretenden Gemeindewahlen werden, was wenige wissen, nicht die ersten Wahlen im neuen Deutschland sein. Es hat schon eine Abstimmung stattgefunden. Als Wahllokal diente das Palais Schäzler in Augsburg, und es dient noch heute demselben Zweck. Das Wahlkomitee gewährte mir dankenswerterweise Einblick in die vorläufigen Resultate. Eben bin ich mit der Erforschung eines mittelhohen Stimmzettelgebirges zu Rande gekommen. Und nun denke ich, nicht ohne Stirnrunzeln, über die Wahlergebnisse nach...

Also, die Sache war und ist die: Man veranstaltet in den Räumen des Palais eine Kunstausstellung. Man zeigt Bilder süddeutscher Maler der Gegenwart. Naturgemäß Bilder verschiedener »Richtungen«. Und man fügt dem als Eintrittskarte geltenden Katalog einen »Stimmzettel« mit drei Fragen bei. Erste Frage: »Welches halten Sie für das beste Bild?« Zweite Frage: »Welches Bild besäßen Sie am liebsten?« Dritte Frage: »Haben Sie Wünsche für eine spätere Ausstellung?« Ein Hinweis, daß es an der Kasse Bleistifte gibt, eine Zeile für die Unterschrift, eine Zeile für die Angabe des Berufs und die freundliche Bemerkung »Besten Dank!« runden das Schriftbild ab.

Eine angemessene Zahl Besucher hat die ernstgemeinten Stimmzettel angemessen behandelt. Die wenigst »modernen« Bilder werden erwartungsgemäß bevorzugt. Und bei der dritten Frage wird häufig der verständliche Wunsch laut, man wolle künftig auch Plastiken und Graphik, Aquarelle und Keramik sehen. Ein »Wähler« sehnt sich sogar nach modernen französischen Bildern. Er steht allein und einzig da.

Natürlich haben sich auch hartgesottene »Spaßvögel« zum Wort gedrängt. So wünscht sich einer für die nächste Ausstellung »besseres Wetter« und ein anderer, verschämt in Einheitsstenographie, »nackte Weiber«.

Unter denen, die an verschiedenen Malern und Bildern Kritik üben, sind erfreulicherweise viele, welche Maß halten. So stellt eine Frau fest: Diese und jene Bilder »entsprechen nicht meinem Kunstgeschmack«. Eine Klavierlehrerin wünscht die nächste Ausstellung »nicht ganz so modern«. Ein anderer sehnt sich »nach guten, real ausgearbeiteten Bildern«, womit er unmißverständlich realistische Darstellungen verlangt. Wieder ein anderer meint dasselbe, wenn er »natürliche Bilder, keine Phantasie« fordert. Und eine Frau konstatiert betrübt: »Größtenteils habe ich keine Freude an der Ausstellung gehabt.«

Diese und ähnliche mit liebenswürdiger Ehrlichkeit vorgetragenen Urteile richten sich weniger gegen ausgefallene, groteske, phantastische Sujets, solange sie »verständlich« gemalt sind, als vielmehr gegen stilistisch schwer begreifliche Bilder. Den unanfechtbaren Rekord des Angefochtenwerdens hält Ernst Geitlinger mit seinen in einem Kabinett vereinigten Arbeiten. Dieser kleine Raum V bringt auch die stärksten Gemüter unter den unerfahrenen Besuchern ins Wanken. Es handelt sich, sehr kurz gesagt, um sieben die Perspektive verleugnende, auch in der Zeichnung künstlich naive, an Paul Klee erinnernde Bilder von hohem farblichen Reiz. Die subtile, verspielte Farbheiterkeit hat sogar Geitlingers Rahmen ergriffen. Er hat auch sie bemalt.

Diesem Raum hat die gute Laune eines sehr großen Teils der »Wähler« nicht standgehalten. Es ist unerläßlich, einige der Urteile aufzuzählen. Diese Bilder »sind unmöglich und verhöhnen die deutsche Kunst!!!« »Mein Bedarf ist vorläufig gedeckt!« »Künstler wie Schlichter, Geitlinger und Blocherer müssen raus!!« »Geitlinger und ähnliche Schmierereien müssen verschwinden.« »So etwas ist eine Schweinerei!« »Keine entartete Kunst mehr!« »... völlige Ausmerzung solcher Bilder!« »... ein Schlag ins Gesicht!«

Einer wünscht sich die Bilder der Ausstellung »alle, um sie einzuheizen«. Einer hat einen Briefbogen zum Teil in ein Tintenfaß gesteckt gehabt und dazu geschrieben »Studie in Blau«. Und ein anderer fordert: »Diese Künstler beseitige man restlos. KZ.«

Einer der Männer, welche die Ausstellung betreuen, erzählte, daß junge Leute Geitlingers Bilder zu verschmieren versucht hätten. Einer habe gebrüllt: »Den Kerl, der das gemalt hat, knall ich nieder!«

Etliche der Maler in Auschwitz zu verbrennen oder aus ihrer Haut Lampenschirme fürs traute Heim zu schneidern, hat erstaunlicherweise niemand verlangt. Aber die Ausstellung ist ja noch ein paar Tage geöffnet.

Aus den Unterschriften der Stimmzettel geht nun hervor, daß die intolerantesten, die dümmsten und niederträchtigsten Bemerkungen fast ohne Ausnahme von Schülern, Studenten, Studentinnen und anderen jungen Menschen herrühren.

Seit die Welt besteht, war es immer die Jugend, die am ehesten und am leidenschaftlichsten für das Neue, für das Moderne eintrat. Und gerade die Studenten bildeten die Avantgarde der Kunst. Es war ein jugendliches Vorrecht, auch abwegige Versuche begeistert zu begrüßen.

Und heute stellt sich gerade die Jugend hin und will fünfzigjährige Männer, weil sie nicht wie Stuck und Heinrich von Zügel malen, ins KZ stecken oder niederknallen? (Indessen ältere Herrschaften, die vor perspektivelosen Bildern stehen, resigniert, aber höflich feststellen: »Es gefällt mir nicht.«)

Wie haben zum Beispiel uns, die wir 1918 aus dem Kriege heimkamen, beim Anblick der Bilder von Dix, Kokoschka, Kandinsky, Marc und Feininger die Köpfe geraucht! Wie haben wir diskutiert! Wie haben wir die expressionistische Lyrik mitsamt ihren Unarten verteidigt! Wie haben wir das Moderne geliebt und das Alte respektiert!

Die heutige deutsche Jugend steht also dort, wo seit je die Alten, die unverbesserlichen Spießer und Kunstbanausen hingehörten? Welche Perversion, wenn dem so wäre! Welch verwirrende Folgen für die Entwicklung der Künste in Deutschland. Denn auch wenn die produktive Jugend, auch wenn die jungen Talente selber ihren Weg finden sollten, dem Einfluß der letzten zwölf Jahre zum Trotz – in welches Vakuum gerieten sie ohne die Begleitung des gleichaltrigen Publikums? Ohne dessen Fanatismus für das Neue? Ohne dessen Jubel und Begeisterung?

Es ist zu befürchten, daß die Augsburger Diagnose zutrifft und daß die dortige »Abstimmung« eine viel allgemeinere Gültigkeit besitzt, die Gültigkeit für ganz Deutschland. Die heutigen Studenten waren 1933 kleine Kinder. Sie wuchsen, jedenfalls ihre Majorität, in der Respektlosigkeit vor modern und freiheitlich gesonnenen Eltern und Lehrern auf. Sie lernten schon mit dem kleinen Einmaleins die Autorität der Fachleute verachten und das Geschwätz reaktionärer Dilettanten glauben. Sie wuchsen in Unkenntnis ausländischer Leistungen auf und ohne Ehrfurcht vor dem Mut eigenwilliger Naturen.

Ich werde nie die Gesichter jener jungen SS-Männer vergessen, die sich seinerzeit, im Münchner Hofgarten, im langsamen Gänsemarsch durch die Ausstellung der »Entarteten Kunst« schoben, Hunderte von konzessioniert hämischen, grinsenden, verschlagenen, großspurigen Gesichtern, sich gähnend und feixend an den Bildern Noldes, Pechsteins, Beckmanns, George Grosz', Marcs und Klees vorbeischiebend. Sie trotteten wie Droschkengäule, wenn am Stand der vorderste Wagen weggerollt ist, angeödet von Rahmen zu Rahmen.

Ein durchgefallener Kunstmaler wie Hitler, ein dilettantischer Schriftsteller wie Goebbels, ein mißglückter, schwafelnder Kulturphilosoph wie Rosenberg haben die junge Generation gelehrt, was Dichtung, Musik und bildende Kunst zu sein hat. Der billigste Geschmack, ein Jahrmarktsgeschmack, wurde auf den Thron gesetzt. Das Gewagte, das Außergewöhnliche, das Exklusive, das Neue – es wurde verbrannt, verbannt, verschwiegen und bespuckt. So wuchsen Kinder mit den Kunstidealen von Greisen, Impotenten und Kitschonkels heran.

Nun sind diese Kinder Studenten geworden. Die Kunst ist wieder frei. Die Studenten spucken, wie sie es gelernt haben, auf alles, was sie nicht verstehen. Weil alles, was nicht alle verstehen, von 1933 bis 1945 Dreck war. Sie haben es nicht anders gelernt. Sie wissen nicht, daß der Künstler schafft, »wie der Vogel singt«, und nicht, damit es Herrn Lehmann gefällt.

Was soll geschehen? Denn das ist wohl sicher: Es reicht nicht aus, daß wir Älteren uns über das geschmackliche Analphabetentum der Jugend empören. Es hilft nichts, wenn wir die gezüchteten jungen Barbaren bedauern. Und es bringt auch nicht viel weiter, wenn wir ihren borniertem Dünkel lediglich zu verstehen trachten. Sondern hier muß etwas *geschehen!* Radikal und schnell! Nicht nur dieser Jugend wegen. Obwohl das wahrhaft Grund genug wäre. Sondern auch um der deutschen Kunst willen, deren natürliches Wachstum, deren Entwicklung zwölf Jahre lang künstlich unterbrochen worden ist! Hierfür gibt es keine Vitamin- oder Hormoneinspritzungen. Hier helfen keine Pillen! Gibt es überhaupt etwas, das helfen kann?

Erziehung kann helfen. Und zwar, da es um die Kunst geht: Kunsterziehung. Das künstlich Versäumte muß künstlich nach- und eingeholt werden. Ich weiß aus Erfahrung, daß dergleichen möglich ist. Mir werden die »Kunsterziehungsabende«, die 1919 im Dresdner König-Georg-Gymnasium stattfanden, unvergeßlich bleiben.

Da erschien nämlich einmal in der Woche Herr Kutzschbach, ein Kapellmeister der Staatsoper, mit seinen Orchestermitgliedern in der Aula. Schüler aus allen Dresdner höheren Schulen und Studenten saßen, standen, quetschten und drängten sich. Herr Kutzschbach erklärte uns Strauß' ›Tod und Verklärung‹, den

›Eulenspiegel‹, oder was sonst bevorstand, mit einfachen Worten, deutete am Flügel die musikalischen Themen und deren Verquickung an, ließ den Klarinettisten oder den Mann mit dem Fagott dessen wichtigstes Motiv solo blasen; und erst dann, wenn wir auf alles Begreifliche hingewiesen worden waren, erhob er sich, trat ans Pult, dirigierte, das Orchester spielte die Suite, die Symphonie oder die Programmusik, und wir verstanden, wir hörten, wir empfanden von Abend zu Abend besser und tiefer, was die Komponisten hatten zum Ausdruck, zu Gehör bringen wollen.

Wir wurden erzogen. Die Ohren, die Nerven, der Geschmack wurden »gebildet«. Und nicht zuletzt die Einsicht, daß auch Kunst, die man nicht versteht, trotz allem als Dame behandelt werden sollte. Man kann, auch als junger Mann, nicht alle Damen lieben. Es muß einem nicht jede gefallen. Nur folgt daraus nicht, daß sie niemandem sonst gefallen dürfte oder gar, daß man das Recht hätte, ihr mitten ins Gesicht zu spucken.

Kunsterziehung also! Geschmacksbildung durch berufene Fachleute. In den Universitäten, in den Volkshochschulen, in öffentlichen Veranstaltungen, durch Lehrer, durch Künstler, durch Gelehrte, durch die Gewerkschaften!

Es wird höchste Zeit. Es geht um Deutschlands Jugend. Es geht um den Wert und um die Geltung der deutschen Kunst.

Frühjahr 1946, im Kabarett ›Die Schaubude‹. Die erotische Koalition, die, wie in jedem ähnlichen Falle, so auch in Deutschland, längst vor der ›fraternisation‹ stattfand, wurde damals aufs billigste und überall ausgeschlachtet. Unser Kabarett hatte literarischen Ehrgeiz. Jedes der Programme wurde trotzdem durchschnittlich von fünfzigtausend Menschen besucht.

Das Leben ohne Zeitverlust
(Tangorhythmen, langsam, sinnlich)

Der Vortrag der sehr elegant und ebenso offenherzig gekleideten Chansonette muß sein: blasiert bis zum Zynismus; wenn angebracht, von parodistischer Innigkeit; von der Mitte der letzten Strophe ab von kalter, fast zu Bewunderung nötigender Ehrlichkeit.

1.

Manche Frauen lieben kranke, blasse Dichter.
Dagegen hab ich nichts.
Manche Frauen glüh'n beim Anblick roter
    Mordgesichter.
Dagegen hab ich nichts.
Andre Frauen lodern auf bei jungen Männern.
Wieder andre ludern gern mit kalten Kennern.
Dagegen hab ich nichts.
Mein Herz hat mehr als eine offne Tür.
Deshalb hab ich nichts dagegen,
doch ich hab auch nichts – dafür!

Ich hab mein Leben lang
nur einen Mann geliebt.
Und ich hab Glück gehabt,
daß es ihn gab und noch gibt.
Ihm bin ich zugetan,
ob es Tag oder Nacht ist.
Ich liebe stets den Mann,
der gerad an der Macht ist!
Ob er nun Staatsmann ist, ob Börsenheld, ob Krieger, –
ich liebe den Sieger!

Drum kann geschehn, was will:
Ich liege immer richtig!
Und bei der Liebe
ist das besonders wichtig!
Man hat mich im Verdacht,
ich liebte das Neue.
O nein, – ich lieb nur die Macht
und halt ihr die Treue!

2.

Wen ich liebe, der kann schön sein wie ein Wandbild.
Dagegen hab ich nichts.
Oder er kann groß und schwer sein wie ein
        Reiterstandbild.
Dagegen hab ich nichts.
Er kann alt und kahl und sparsam im Verbrauch sein.
Bös und bauchig kann er selbstverständlich auch sein.
Dagegen hab ich nichts.
Er darf auch wild sein wie ein junger Stier.
Ich hab wirklich nichts dagegen,
doch ich hab auch nichts – dafür!

Nur, mächtig muß er sein!
Dann steigt in mir die Flut...
Dann wirft ein einz'ger Blick
mir rote Fackeln ins Blut...
Ich brenne wie ein Wald,
wenn mein Herz erst entfacht ist..
Dann hab ich Temp'ratur,
ob es Tag oder Nacht ist!
Er mag ein Henker sein, ein Teufel oder Tiger, –
dann ist er der Sieger!

Drum kann geschehn, was will:
Ich liege immer richtig!
Und heutzutage
ist das besonders wichtig!
Ich bin ein schwaches Weib.
Ich kenn keine Reue.
Und er die Macht verliert,
verliert meine Treue!

3.

Wer die Macht verloren hat, soll untergehen.
Dagegen hab ich nichts.
Wenn er will, kann er auch zitternd um
    Erbarmen flehen.
Dagegen hab ich nichts.
Meinetwegen kann er Memoiren schreiben
oder sich erschießen oder leben bleiben.
Dagegen hab ich nichts.
Die neuen Männer träumen schon von mir!
Deshalb kann's mir einerlei sein,
ob er tot ist oder hier.

Nun ja, die Erde ist
ein großer Wandelstern.
Und nach den neuen Herrn
kommen noch neuere Herrn ...
Bis schließlich *Jener* kommt,
welcher stets an der Macht ist!
Er reißt mich in den Arm,
ob's dann Tag, ob's dann Nacht ist!
Er wird kein Staatsmann sein,
kein Schieber und kein Krieger,
und trotzdem der Sieger.

Und auf dem Stein soll stehn:
»Nun liegt sie wieder richtig!
In dieser Lage
ist das besonders wichtig!
Es war nicht angebracht,
daß sie etwas bereute.
Sie liebte nichts als die Macht
und tut es noch heute!«

Die Chansonette blickt noch kurze Zeit kalt und ironisch lächelnd geradeaus; dann geht sie langsam und stolz ab.

Februar 1946, ›Neue Zeitung‹. Die Debatte um Geschichtsbetrachtung und Geschichtsunterricht wurde aufs heftigste, aber nicht immer mit dem notwendigen Takt, geführt. Mit dem folgenden Beitrag versuchte ich in eine öffentliche Diskussion über Friedrich II. von Preußen einzugreifen. Viele derer, die mir antworteten, hatten beim Schreiben keine Glacéhandschuhe an.

Gedanken eines Kinderfreundes

»Er war mit 16 Jahren bereits ein ausgemachter Liederjahn großen Formats. Seine Maßlosigkeit war so ungehemmt, daß zeitweilige ernste Gesundheitsstörungen eintraten. Besonders stark war seine Leidenschaft für das weibliche Geschlecht. Um sein Ziel zu erreichen, wandte er oft die unsaubersten Mittel an ... Diese Folge von Liebesabenteuern war lange Zeit der Hauptinhalt seines Daseins, bis sie infolge einer Ansteckung mit nachfolgender Operation ein jähes und endgültiges Ende nahmen. Dieses selbstverschuldete Mißgeschick rief eine mißtrauische Bösartigkeit, namentlich gegen Frauen hervor, die, je älter er wurde, immer mehr zunahm. Um seinen Neigungen nachzugehen, machte er in leichtsinniger Weise Schulden, ohne an ihre Rückzahlung zu denken. Ja, er war so gewissenlos, daß er sich bereitfand, von politischen Gegnern seines Vaters Geld anzunehmen. Von verblendeter Mutterliebe unterstützt, trieb er sein Unwesen solange, bis der entsetzte Vater endlich merkte, was hinter seinem Rücken vorging.«

Wer ist denn nun dieses Früchtchen, von dem hier so ausgiebig die üble Nachrede ist? Und wer schmeißt mit der Schreibmaschine nach ihm, statt sie zum

Schreiben zu benützen? Der Leser fragt. Der Redakteur antwortet. Also...

Das Zitat entstammt einem festlichen Geburtstagsartikel, den die Zeitung ›Der Berliner‹ Mitte Januar unter der Überschrift »Friedrich der Große ohne Maske« zum Abdruck gebracht hat. Anschließend brachten die Berliner mit Hilfe von Zuschriften ihre Meinung zum Ausdruck. Und es läßt sich nicht verheimlichen, daß die Berliner und ›Der Berliner‹, gelinde gesagt, verschiedener Ansicht waren. Und vermutlich noch heute sind.

»Die Publikation ist ein Schlag in das Gesicht des deutschen Volkes«, schrieb Herr Kunze aus Berlin-Dahlem. Elfriede Tamm aus Berlin-SO meinte etwas versöhnlicher: »Es ist uns allen kein Geheimnis, daß er kein Engel war... Aber seine rege Anteilnahme am Geistesleben seiner Zeit sicherte ihm auch in der Wissenschaft einen bescheidenen Platz.« Und aus Berlin-Schöneberg ließ sich Herr (oder Frau) Schlichting folgendermaßen vernehmen: »Wen interessiert nach 200 Jahren Friedrichs des Großen Privatleben? Haben wir ihm nicht die Kartoffel zu verdanken? War er nicht der Mann, der einen Bach förderte?« Am Rande sei Herrn (oder Frau) Schlichting geantwortet, daß wir Friedrich II. von Preußen in der Tat die Kartoffel zu verdanken haben. Und daß er den Thomaskantor anno 1747 wirklich einmal nach Potsdam eingeladen hat. Soweit sind wir uns einig. Die Einigkeit geht noch weiter. Der Zeitungsartikel hat mit Recht Ärgernis hervorgerufen. Es ist keine Lebensart, die Leserschaft aufklären zu wollen, indem man wie eine Elefantenherde in der Königlichen Berliner Porzellanmanufaktur herumtrampelt. Aber...

Aber was in dem Zeitungsartikel steht, *stimmt!* Es ist wahr, daß Friedrich als verschuldeter Kronprinz zum

Beispiel Herrn von Seckendorf, den österreichischen Gesandten in Berlin, heimlich immer und immer wieder um beträchtliche Geldbeträge angebettelt hat, daß er sie, ebenso heimlich, erhielt und daß er hierdurch, aus purem Leichtsinn, die Politik des Königs, seines Vaters, in durchaus landesverräterischer Weise illusorisch und, was schlimmer ist, lächerlich machte.

Es ist wahr, daß er, kaum auf den Thron gelangt, den Ersten Schlesischen Krieg aus Ruhmsucht vom Zaune brach. Nicht anders, wie etwa Ludwig XIV. von Frankreich die Reunions-Kriege von einem westlicher gelegenen Zaun gebrochen hatte.

Es ist wahr, daß »Fridericus Rex« in der Schlacht von Mollwitz, als sie verloren schien, auf seinem Schimmel das Weite suchte und daß ihn, als sich das launische Kriegsglück gewendet hatte, die Stafetten seiner Generale erst nach vieler Mühe einholten, um ihn auf das siegreiche Schlachtfeld zurückzubitten.

Es ist auch wahr, daß, später, die völlig unpopuläre Koalition zwischen Habsburg und Frankreich gegen ihn schwerlich zustandegekommen wäre, wenn Friedrich bei Hofe weniger zynische Witze über Frau von Pompadour, die Herrscherin über Ludwig XV., gerissen hätte.

Es ist wahr, daß er in einer Schlacht des Siebenjährigen Krieges mit dem Stock auf seine zurückweichenden Grenadiere eingehauen und gebrüllt hat: »Kerls, wollt ihr denn ewig leben?«

Es ist wahr, daß er Elisabeth Christine, seine Frau, auf Hoffesten derartig brüskierte und kränkte, daß der armen Frau vor der gesamten diplomatischen Welt Europas die Tränen kamen. Er wollte sie lächerlich machen und erreichte, daß man sie bemitleidete. Es ist wahr, daß er in französischer Sprache ein Buch über die deutsche Literatur geschrieben hat. Und daß er darin ebenso großspurig wie abfällig über unsere Literatur geurteilt hat, ohne auch nur den leisesten Schimmer von ihr zu haben. Ich habe eine dicke Doktorarbeit über dieses seltsame Thema geschrieben und kann es beschwören. Ein Jahr, bevor Lessing starb, wußte der preußische König nichts von Lessing, Wieland, Herder und Goethe. (Um nur die Wichtigsten zu nennen, von denen er nichts wußte.) Diese »einmalige« Ahnungslosigkeit genügte ihm nicht – er schrieb auch noch ein Buch darüber! Und weil er nicht deutsch schreiben konnte, schrieb er's auf französisch.

Die deutsche Sprache, schrieb er in besagtem Buche, klinge so häßlich, daß sie unbedingt geändert werden müsse. Deshalb schlage er beispielsweise vor, den Tätigkeitswörtern ein »a« anzuhängen. Statt »nehmen« möge man künftig »nehmena« sagen, statt »geben« »gebena« und so weiter. Damit sei schon viel gewonnen. Na ja.

Das ist alles wahr, und noch vieles mehr. Zum Beispiel, daß er den Siebenjährigen Krieg, trotz allen Energie- und Geniestreichen, verloren hätte, so sicher wie das Amen in der Kirche, wenn nicht die Zarin Elisabeth gestorben und Peter III. gefolgt wäre. Peter befahl seinen Armeen, den beinahe gewonnenen Krieg sofort abzubrechen, und Friedrich war gerettet.

So und ähnlich verbrachte er die ersten 23 Jahre seiner Regierung. Und die zweiten 23 Jahre haßte und verachtete er den Krieg und die Menschen und rackerte sein Volk und sich selber ab, bis Preußen eine Großmacht geworden war. –

Was ist an dem Zeitungsartikel ›Friedrich der Große ohne Maske‹ verkehrt? Erstens hat der Verfasser dem König nicht nur die Maske abgerissen, sondern gleich den ganzen Kopf. Und zweitens?

Zweitens vergaß er der Leserschaft mitzuteilen, daß die Demaskierung nicht nur für Friedrich II. von Preußen, sondern für alle Herrschaften gelte, die, historisch kostümiert, als schöne Masken durch die Hallen der Geschichte wandeln.

Herr Georg R. Wilhelm aus Berlin-Halensee hat dem ›Berliner‹ geantwortet: »Es ist unmöglich, ein Volk umzuerziehen, indem man alle die Persönlichkeiten, die es durch lange Jahre oder Jahrhunderte als seine bedeutendsten Vertreter angesehen hat, von ihren Denkmälern herunterholt, die ihnen wahrhaftig gebühren. Es wird Ihnen einfach niemand glauben, was Sie da erzählen.«

Das, Herr Wilhelm, wäre schade. Denn was wir erzählt haben, ist wahr. Es ist die »blutige« Wahrheit. Vielleicht wird bald wieder Werner Hegemanns ›Fridericus‹ erscheinen, ein Buch, das natürlich im Dritten Reich verboten war. Das sollten Sie dann auf der Stelle lesen. Herr Friedrich, ach nein, Herr Wilhelm! Es ist ein bitteres, ein böses Buch. Bitter und böse deshalb, weil es ein Mann geschrieben hat, der die Wahrheit liebte und die Geschichtslügen, ihre Unausrottbarkeit und ihre chronisch verheerenden Folgen für die Menschheit bis auf den Tod und bis zum Tod (in der Emigration) gehaßt hat.

Die Geschichtslügen... Es geht nämlich nicht bloß um Friedrich den Großen und die übrigen Denkmäler in der Siegesallee. Fahren Sie doch einmal am nächsten Sonntag in den Tiergarten und sehen Sie sich die Siegesallee an! Oder schauen Sie bei sich zu Hause in Halensee aus dem Fenster! Auf die Trümmer! Schöne Aussicht, weitersagen! Menschenskind – entschuldigen Sie, daß ich in der Hitze des Wortgefechts »Menschenskind« zu Ihnen sage, Herr Friedrich Wilhelm – es geht um sehr viel mehr!

Wenn Friedrich II. von Preußen ein großer Mann war, so war er's, obwohl er jene drei Kriege vom Zaune brach und sein Volk schon bis in den Abgrund geführt hatte! Er wurde ein großer Mann – aber um welchen Preis? Und wer zahlte denn die Kosten für seine höchst langwierige Erziehung zum »großen Mann«? Die Mütter, die Väter, die Kinder, die Frauen, die Söhne, die Bräute! Ist es immer noch nicht an der Zeit zu erkennen, daß diese Art Fürstenerziehung ein bißchen kostspielig ist?

Es geht nicht nur um Friedrich den Großen und Napoleon, nicht um Philipp II. von Spanien und Elisabeth von England, nicht um Alexander, Cäsar, Xerxes, Wallenstein oder Karl XII. von Schweden. Es geht um mehr. Es geht um die Geschichtsschreibung. Und es geht um den Geschichtsunterricht. Nicht nur in Deutschland, aber augenblicklich ganz besonders in Deutschland. Denn es geht um Deutschlands Zukunft. Es geht uns nicht nur, aber ganz besonders um Deutschlands Zukunft. Und wie sich diese Zukunft gestalten wird, hängt nicht zuletzt davon ab, wie wir die Kinder lehren werden, die Vergangenheit zu sehen. Gibt es denn nur im Kriege Tapferkeit? Werden denn die Völker nur durch Schlachten groß? Oder klein?

Man hat uns in der Schule die falsche Tapferkeit gelehrt, Herr Wilhelm. Man hat uns die falschen Jahreszahlen eingetrichtert und abgefragt. Man hat uns die gefährliche Größe ausgemalt, und die echte Größe fiel unter das Katheder. Man hat die falschen Ideale ausposaunt, und die wahren hat man verschwiegen. Man hat uns Kriegsgeschichte für Weltgeschichte verkauft. Wollen wir denn wirklich, daß die Weltgeschichte weiterhin Kriegsgeschichte bleibt? Ist das Ihr Ernst?

Wir müssen dem Geschichtsunterricht die Maske vom Gesicht holen. Es geht um Ihre Kinder. Nicht um die meinigen. Als ich sah, wohin Deutschland unweigerlich steuerte, verzichtete ich darauf, Kinder zu haben und aufzuziehen, nur damit sie eines Tages totgeschossen oder zu Krüppeln werden.

Ich habe zwar keine eigenen Kinder. Aber ich fordere trotzdem einen neuen Geschichtsunterricht.

Frühjahr 1946, ›Schaubude‹. Das Chanson beruht auf einer wahren Begebenheit. Die alte Frau glaubte fest, daß ihr Sohn noch am Leben sei, und schrieb ihm unter seiner Feldpostnummer Brief um Brief. Hausbewohner und Briefträger behüteten ihren Wahn, indem sie die ja doch unbestellbare Post abfingen und ihr nicht zurückgaben.

Lied einer alten Frau am Briefkasten

1.

Nun hat der Tod den Stahlhelm abgenommen
und geht vergnügt im Strohhut über Land.
Er hat das Stundenglas still in der Hand.
Schon ist es Herbst. Bald wird der Winter kommen.
Im Stundenglas rinnt Sand... rinnt Sand...
    rinnt Sand...

O Tod, sei gut! Laß mich noch hier!
Und laß mir meinen Schmerz!
Die Sehnsucht ist ein wildes Tier
und beißt mich nachts ins Herz.
Klopft's in der Brust? Klopft's an der Tür?
Ich habe nichts gehört von dir
seit März, mein Kind, seit März!

Der Kasten für die Briefe
steht da, als ob er schliefe.
Er tut das nur zum Schein.
Mir ist, als ob er riefe:
»Schreib Briefe, schnell, schreib Briefe!
Komm rasch, und wirf sie ein!«

2.

Die Fensterhöhlen gleichen alten Rahmen,
und Mond und Sterne sind die Bilder drin.
Oft schau ich hoch, die Hände unterm Kinn.
Dann bück ich mich und schreibe deinen Namen,
weil ich, nur wenn ich schreib, lebendig bin.

O Tod, sei gut! Laß mich noch hier!
Brich mir noch nicht das Herz!
Ich hab noch etwas Briefpapier
und auch ein paar Kuverts.
Sie lassen dich nicht her zu mir?
Ich bücke mich und schreibe dir
vor Schmerz, mein Kind, vor Schmerz!

So bring ich täglich Briefe
und senk sie in die Tiefe.
Ich schreib, wie andre schrein!
Mir ist, als ob es riefe:
»Schreib Briefe, schnell, schreib Briefe!
Komm rasch, und wirf sie ein!«

3.

Zu unsern Häupten stehn die gleichen Sterne.
Und wir sind doch getrennt und doch verbannt.
Ein großer dunkler Vorhang teilt das Land.
So nah, mein Kind, sind wir uns doch so ferne!
Und durch das Stundenglas rinnt Sand ...
    rinnt Sand ...

O Tod, sei gut, und winke mir
jetzt noch nicht himmelwärts!
Ich bitte dich: Laß mich noch hier!
Brich mir noch nicht das Herz!
Klopft's in der Brust? Klopft's an der Tür?
Ich habe nichts gehört von dir
seit März, mein Kind, seit März!

Die Sehnsucht schickt dir Briefe,
als ob ich selber liefe,
um dir recht nah zu sein.
Wenn mich der Tod jetzt riefe, –
wer schriebe dir dann Briefe
und würfe sie hier ein?

Februar 1946, ›Neue Zeitung‹. Der Gegenstand dieses Aufsatzes war mir seit je eine Herzensangelegenheit. Es zeigte sich auch nach dem Zusammenbruch, daß das Sujet leider nicht veraltet war. Die meisten Zuschriften, die ich erhielt, machten mich auf Autoren und Werke der heiteren Muse aufmerksam, die ich nicht zitiert hatte. Man wird mir glauben, daß das eher aus Gründen des journalistischen Effekts denn aus Unkenntnis geschehen war.

Die einäugige Literatur

In Anbetracht des heutigen Themas habe ich mir meinen besten weißen Vollbart umgeschnallt. Nicht nur um den Lesern, sondern, wenn mein Blick zufällig in den Spiegel fallen sollte, auch mir selber jenen Respekt einzujagen, der geboten erscheint, so oft es profunde Banalitäten in aller Öffentlichkeit auszusprechen gilt. Banalitäten und ähnliche Selbstverständlichkeiten erregen, da sie, wie das Familiensilber, nur selten in Gebrauch genommen werden, jedesmal Unbehagen und Verblüffung, womöglich Ärger. Solchen Regungen entgegenzutreten, bedarf es des Respekts. Um Respekt einzuflößen, bedarf es der Würde. Um würdig zu erscheinen, bedarf es eines weißen Bartes.

Als ich neulich, in aller Harmlosigkeit, in dieser Zeitung den Vorschlag machte, die großen Männer der Geschichte ab und zu von den Sockeln der Legende herunterzuholen – natürlich nur leihweise und nicht, um sie zu zertrümmern, sondern bloß, um sie etwas abzustauben und dabei näher und genauer als bisher zu betrachten –, bekam ich von verschiedenen Lesern ausgemachte, hausgemachte Unfreundlichkeiten zu hören. Etwas Selbstverständliches vorzuschlagen, ist immer gefährlich. Von den Menschen unbillige Dinge zu fordern, wie ihr Vermögen, ihre Freiheit, ihr Leben und das ihrer Kinder, ist eine Kleinigkeit. Aber zu verlangen, sie möchten einmal nachdenken, und zwar, wenn möglich, mit dem eigenen Kopfe, statt mit dem üblicherweise dazu verwandten, jahrhundertealten Kopf aus dem Familienwappen, das bringt die Gemüter zur Weißglut. Mein alter Lehrer, der Eckensteher Sokrates, hat es erlebt. Soweit er es erlebt hat ...

Dieser äußerst behutsamen und milden Einleitung schien ich mich heute bedienen zu müssen. Denn es geht wieder um eine Selbstverständlichkeit! Es gilt, vom ernstesten Thema der Welt zu sprechen: vom Humor. Vom Humor und seinen kleineren Geschwistern, wie der Satire, der Komik, dem Scherz, der Heiterkeit, der Ironie. Vom Humor also. Es gibt ihn bei allen Völkern und bei ganz wenigen Menschen; es gibt ihn in allen Literaturen und fast nirgends. Am rarsten jedoch ist er in der deutschen Literatur. Und in der deutschen Literaturgeschichte ist man darauf stolz.

Sehr geschätztes Publikum, lassen Sie uns mit einem kleinen, einfachen, ungefährlichen Experiment beginnen! Mit einem netten, die Freizeit gestaltenden Gesellschaftsspiel! Also, fragen Sie, bitte, die fünfköpfige Familie, die in Ihrer Küche wohnt, sowie den einsamen Herrn, der mutterseelenallein in der gegenüberliegenden Villa haust, fragen Sie sich selber, Ihre Verwandten und alle übrigen Landsleute: »Wieviel deutsche Lustspiele kennt Ihr, und wie heißen sie?« Das Endresultat kann ich Ihnen schon jetzt prophezeien. Man wird Ihnen nennen: Lessings ›Minna von Barnhelm‹, Kleists ›Zerbrochenen Krug‹, Grillparzers ›Weh dem, der lügt‹, Büchners ›Leonce und Lena‹, Freytags ›Journalisten‹ und Hauptmanns ›Biberpelz‹.

Wie gesagt, nach einigem Hängen und Würgen wird dieses klägliche halbe Dutzend schon voll werden. Da bin ich ganz ohne Sorge. Einer wird mit Curt Goetz herausrücken. Aber den nehmen wir nicht. Der ist noch nicht im literaturbiblischen Alter. Es werden die namentlich aufgezählten sechs klassischen Lustspiele genannt werden. Ich habe es prophezeit. Woher ich es weiß? Ich bin kein Gedankenleser. Ich arbeite nicht mit doppeltem Boden. Es handelt sich um keinen Zufall. Es handelt sich vielmehr um eine Seitenansicht des deutschen Schicksals: Wir haben nur diese sechs Lustspiele! Ich finde wenige Dinge auf der Welt so gräßlich wie zwei Ausrufungszeichen hintereinander – trotzdem: Wir besitzen sechs deutsche Lustspiele!!

Jeder halbwegs Gebildete müßte es wissen. Es weiß auch jeder. Es ist ihm nur noch nicht eingefallen. Es ist selbstverständlich. Ist es selbstverständlich? Es ist unerhört! Die Literatur eines angesehenen, wegen seiner Dichtung mit Recht verehrten Kulturvolkes hat auf der einen Seite Tausende von Tragödien, Schauspielen, Epen, Erziehungsromanen, Meisternovellen, Oden, Hymnen, Sonetten und Elegien – und auf der anderen gleich großen Waagschale ängstigen sich sechs einsame Lustspiele, von denen noch nicht einmal alle sechs »Feingold« gestempelt sind! Wir haben kaum einen humoristischen Roman; kaum ein Gedicht, das lachen machen kann; keinen echten Satiriker; keinen Dichter, den es aus fröhlichem Herzen verlangt hätte, ein Buch für die Kinder zu schreiben; nur einen Gottfried Keller, doch der stammt aus der Schweiz; einen einzigen Wilhelm Busch, und dessen Verse werden auf Aschenbecher gemalt! Sträuben sich Ihnen, nun Sie dieses Mißverhältnis, das Sie immer gekannt haben, endlich wissen, die Haare?

Ich sitze seit zirka fünfundzwanzig Jahren mit gesträubtem Haar vor meinen Bücherregalen. So lange sage ich mir und anderen: »Da stimmt doch etwas nicht!«

Sehr geschätztes Publikum, da stimmt noch manches andere nicht. Haben Sie einmal auf deutschen Universitäten Literaturgeschichte und Ästhetik gehört? Bücher von Professoren, Dramaturgen und ähnlich erwachsenen Männern gelesen? Mit denkenden Dichtern gesprochen? Nein? Aha! Lassen Sie sich in Kürze folgendes sagen: Diese Herren schreiben und sprechen zwar von tragischen Verwicklungen, von heroischen Stoffen, von Pflichtkonflikten, vom epischen Drama, von Mitleid und Furcht, vom historischen Roman, vom Ödipuskomplex und ähnlichen Dingen so hurtig und fließend, wie die Bäcker Brötchen backen – aber von der heiteren Kunst?

Von der heiteren Muse, vom Humor gar, dem höchsten Kleinod der leidenden und dichtenden Erdkrustenbewohner, sprechen die deutschen Dichter und Denker allenfalls am 29. Februar, sonst nicht. Sie verachten solche Kindereien. Sie nehmen nur das Ernste ernst. Wer ins deutsche Pantheon hineinwill, muß das Lachen an der Garderobe abgeben. Jean Paul war ungefähr der letzte große Deutsche, der über das Komische ernstlich nachgedacht hat.

Wenn man sich die Zeit und den Mut nähme, in einem Kreise solch »tierisch« ernster Tragödiendichter schüchtern zu erklären, daß es wohl zwar gleich schwer sein mag, ein ernstes wie ein heiteres Meister-Stück zu liefern, daß es aber dreimal schwieriger sei, ein durchschnittliches Lustspiel zu schreiben als eine durchschnittliche heroisch aufgezäumte Tragödie, in welcher der Held so lange zwischen der Vaterlandsliebe und seiner Hulda hin- und hergerissen wird, bis sich schließlich der Schlußvorhang wohltätig über seiner und Huldas Leiche senkt... Wenn man, begann ich diesen Satz vor fünf Minuten, sich Mut und Zeit dazu nähme... Doch soviel Zeit hat nicht einmal ein Humorist.

Und noch etwas: Es ist schon schwerer, ein mittelmäßiges Lustspiel zu schreiben als ein entsprechendes, möglichst historisches Trauerspiel. Wieviel mühsamer ist es nun erst, sich selber, den Herrn Dichter persönlich, zur inneren Heiterkeit zu erziehen, statt ein Leben lang, mit den Dackelfalten der Probleme auf der Stirn, herumzurennen und die gleiche Verzweiflung auf stets neues Papier zu bringen! Es ist leicht, das Leben schwer zu nehmen. Und es ist schwer, das Leben leicht zu nehmen. Das gilt, heute mehr denn je, für alle Menschen. Für uns Deutsche im besonderen. Und ganz speziell für unsere tragischen Barden und ihre theoretisierenden Herolde und Stabstrompeter.

Daß unsere großen klassischen Dichter in ihren Werken dem Lachen abgewandt waren, müssen wir fatalistisch hinnehmen. Nur ganz, ganz leise wollen wir murren und fragen: »Warum schenkte uns der gütige Dichterhimmel keinen Zwillingsbruder Mozarts?« Aber an den weniger großen Toten und Lebendigen wollen wir uns ein wenig reiben. Ihnen und den Literaturaposteln, den Deutschlehrern und den Snobs des »tierischen« Ernstes wollen wir auf den Knien etwas mehr Sinn für die heitere Kunst wünschen. Etwas weniger Dünkel der lichteren, sonnigeren Hälfte der Kunst gegenüber. Die deutsche Literatur ist einäugig. Das lachende Auge fehlt. Oder hält sie es nur krampfhaft zugekniffen?

Der auf die Heiterkeit verächtlich hinunterblickende Hochmut unserer Dichter und Eckermänner wirkt sich, Böses fortzeugend, im täglichen Kunstbetrieb folgerichtig aus. Der Regisseur inszeniert als nächstes Stück »nur« ein Lustspiel. Der Filmproduzent geht diesmal »nur« mit einer Filmkomödie ins Atelier. Der Verleger bringt kommende Ostern von seinem Spitzenautor »nur« ein leichtes, heiteres Buch heraus. Der Redakteur arbeitet an keiner seriösen, sondern »nur« an einer humoristischen Zeitschrift. Der Kapellmeister studiert diesmal »nur« eine Operette ein. Der Schauspieler tritt »nur« in einem Kabarett auf. Von ihnen allen wird die leichte Muse »nur« auf die leichte Achsel genommen, und dann wird mit dieser Achsel auch noch entschuldigend gezuckt!

Da gäbe es künftig vieles gutzumachen. Und, darüber hinaus, gut zu machen ... Wer mir einwenden wollte, die Geringschätzung sei lediglich eine Reaktion auf die unzureichende Qualität der angebotenen leichten Ware und unsere leichte Kunst tauge nichts, dem müßte ich erwidern: Unsere Tragödien und Oden von gestern und heute taugen größtenteils genausowenig, und ihr nehmt sie trotzdem wichtig! Es ist schon so: Der dem Humor erwiesene deutsche Dünkel ist angeboren und wird seit je gehegt und gepflegt, als sei er eine Tugend.

Handelt es sich hierbei nun nur um eine vererbte, künstlich und künstlerisch entwickelte Mangelkrankheit unserer Dichter, oder ist etwa das deutsche Volk im ganzen weniger zum Lachen und zur Sehnsucht nach Heiterkeit und Harmonie aufgelegt als andere Völker? Wer den kometenhaften Aufstieg des Nationalsozialismus und den Einbruch dieser konzentrierten, unbändigen Humorlosigkeit in die Weltgeschichte aus eigener Anschauung kennt, könnte, besonders an regnerischen Tagen, glauben, der Humormangel gehöre zu unserem Volkscharakter. Doch wer die jüngste deutsche Vergangenheit miterlebt hat, kennt ja auch unsere verschiedenen Volksstämme, ihren Mutterwitz, ihre sprichwörtlichen »komischen Figuren« und den damit verbundenen Anekdotenschatz, und so wird er, besonders an schönen, sonnigen Tagen, das deutsche Volk für nicht weniger lachlustig und freudedurstig halten als andere Völker auch. So wird ihm nichts anderes übrigbleiben, als an die »Mangelkrankheit unserer Dichter« und ihrer gebildeten Hintermänner zu glauben und mit mir im Verein um deren Einsicht und Besserung zu beten. Ernst ist das Leben, heiter sei die Kunst!

Hoffentlich klettern nun aber unsere Hymniker und Tragödiendichter nicht gleich schwadronenweise vom hohen Roß, um sich auf ihre nachdenklichen Hosen zu setzen und uns mit Lustspielen zu beschenken. Denn dann, o Freunde, hätten wir nichts zu lachen.

Frühjahr 1946, ›Schaubude‹. Noch immer zogen Tausende und Abertausende über die Landstraßen. Der sarkastische Optimismus, der damals viele der Flüchtlinge beseelte, ist verschwunden. Das Flüchtlingsproblem, ein Kernpunkt der deutschen Frage, ist im großen und ganzen geblieben und noch immer unbeantwortet.

Marschlied 1945

Prospekt: Landstraße. Zerschossener Tank im Feld. Davor junge Frau in Männerhosen und altem Mantel, mit Rucksack und zerbeultem Koffer.

1.

In den letzten dreißig Wochen
zog ich sehr durch Wald und Feld.
Und mein Hemd ist so durchbrochen,
daß man's kaum für möglich hält.
Ich trag Schuhe ohne Sohlen,
und der Rucksack ist mein Schrank.
Meine Möbel hab'n die Polen
und mein Geld die Dresdner Bank.
Ohne Heimat und Verwandte,
und die Stiefel ohne Glanz, –
ja, das wär nun der bekannte
Untergang des Abendlands!

Links, zwei, drei vier,
links, zwei, drei –
Hin ist hin! Was ich habe, ist allenfalls:
links, zwei, drei, vier,
links, zwei, drei –
ich habe den Kopf, ich hab ja den Kopf
noch fest auf dem Hals.

2.

Eine Großstadtpflanze bin ich.
Keinen roten Heller wert.
Weder stolz, noch hehr, noch innig,
sondern höchstens umgekehrt.
Freilich, als die Städte starben ...
als der Himmel sie erschlug ...
zwischen Stahl- und Phosphorgarben –
damals war'n wir gut genug.
Wenn die andern leben müßten,
wie es uns sechs Jahr geschah –
doch wir wollen uns nicht brüsten.
Dazu ist die Brust nicht da.

Links, zwei, drei, vier,
links, zwei, drei –
Ich hab keinen Hut. Ich habe nichts als:
links, zwei, drei, vier,
links, zwei, drei –
Ich habe den Kopf, ich habe den Kopf
noch fest auf dem Hals!

3.

Ich trage Schuhe ohne Sohlen.
Durch die Hose pfeift der Wind.
Doch mich soll der Teufel holen,
wenn ich nicht nach Hause find.
In den Fenstern, die im Finstern
lagen, zwinkert wieder Licht.
Freilich nicht in allen Häusern.
Nein, in allen wirklich nicht...
Tausend Jahre sind vergangen
samt der Schnurrbart-Majestät.
Und nun heißt's: Von vorn anfangen!
Vorwärts marsch! Sonst wird's zu spät!

Links, zwei, drei, vier,
links, zwei, drei –
Vorwärts marsch, von der Memel bis zur Pfalz!

Spuckt in die Hand und nimmt den Koffer hoch.

Links, zwei, drei, vier,
links, zwei, drei –
Denn wir hab'n ja den Kopf, denn wir hab'n ja den
    Kopf
noch fest auf dem Hals!

Marschiert ab.

Februar 1946, ›Pinguin‹. In Kreisen der jungen Generation wurde die Meinung laut und lauter, ihr Unglück, ihre Not, ihre Zukunftslosigkeit seien ohne Beispiel. Ich unternahm den Versuch, auf die Ähnlichkeit zwischen ihr und uns, der jungen Generation nach dem ersten Weltkriege, hinzuweisen, nicht, um damit ihr Schicksal zu bagatellisieren, sondern um ein paar Steine der trennenden Mauer behutsam abzutragen.

Die Chinesische Mauer

Heutzutage ist viel von zwei Generationen die Rede, die einander nicht verstünden: von der jungen Generation, das heißt von allen Deutschen bis etwa zum dreißigsten Lebensjahr, sowie von der älteren Generation, das wären dann alle jene, welche die Zeit vor 1933 in einem bereits urteilsfähigen Alter erlebt haben. Dieser Trennungsstrich ist ohne Frage von entscheidender Bedeutung. Und die Mißverständnisse wie die Verständnislosigkeit zwischen beiden Generationen scheinen, obwohl sie nur selten auf bösem Willen beruhen, mitunter so unüberwindlich, daß man sich versucht fühlt, den Trennungsstrich für eine Chinesische Mauer zu halten. Man hört, daß auf der anderen Seite gerufen wird. Aber man kann »die andere Seite« nicht verstehen.

Es ließe sich auch so ausdrücken, wie das vorgestern mein Freund Ferdinand tat, als er sagte: »Bei den Tieren im Zoo muß es ähnlich sein... Ich meine, wenn die einen von der Wüste und der Fata Morgana, von Palmenhainen, von Antilopenherden und von den mondbeglänzten Tränken am Fluß erzählen. Und wenn die Jüngeren, die im Käfig zur Welt gekommen sind, verwundert zuhören... Sie kriegen, seit sie denken können, das Pferdefleisch an Spießen durchs Gitter gesteckt, das Trinkwasser schaukelt schal in den Kübeln, und ihre Freiheit ist vom ersten Tage an sechs Meter lang und zehn Meter breit... Wie können sie begreifen, was ihnen die anderen Zebras, Giraffen und Pumas über die Welt jenseits der Gitterstäbe erzählen? An welchen Erfahrungen sollte denn ihre Phantasie anknüpfen?«

»Dein Vergleich hinkt, lieber Ferdinand.«

»Nein! Das Dritte Reich war ein Käfig. Die im Käfig Geborenen können sich nicht vorstellen, wie es vorher zuging. Da hilft kein Erzählen!«

»Dein Vergleich hinkt«, wiederholte ich hartnäckig. »Erstens kenne ich junge Leute, mit denen wir uns ohne die geringste Schwierigkeit verständigen können. Das sind jene, gerade jene, denen die Eltern und andere ältere Freunde von früheren Zeiten *erzählt* haben, denen man Bücher von einst in die Hand gedrückt und die man im Hinblick auf vorübergehend verbotene Tugenden und Werte zu erziehen versucht hat. Dein Vergleich hinkt aber auch auf dem zweiten Fuße. Denn es gab zahllose andere Eltern, die ihren Kindern, im Gegensatz zu deinen Tieren im Zoo, von der Welt außerhalb des Käfigs überhaupt kein Wort gesagt haben! Manche dieser Eltern liebten die Käfige, weil sie vom Staat als Wärter angestellt waren. Andere hatten Angst, von der verbotenen Freiheit zu berichten. Wieder andere wollten die Kinder vielleicht nicht in Gewissenskonflikte bringen. Denn einem blutjungen Menschen, den die Diktatur mit Hilfe ihrer Staatsmaschine zum Dutzendwerkzeug stanzt und nietet, von den Wundern und Gefahren der menschlichen Freiheit zu erzählen, bedeutete in hohem Maße: Verantwortung auf sich laden.«

»Ich werde mich mit dir nicht streiten«, erklärte Ferdinand achselzuckend. »Gut, es gibt junge Leute, die uns und die wir verstehen. Aber was machen wir mit denen hinter der Chinesischen Mauer? Mit denen, deren Eltern zuließen oder es sogar für richtig hielten, daß ihre Kinder zu Staatswerkzeugen umgebaut wurden? Zu kleinen tyrannisierten Tyrannen? Zu Fließbandwesen mit genormter Meinung?«

»Das weiß ich nicht, Ferdinand«, sagte ich. »Ich weiß nur, daß wir das Menschenmögliche versuchen müssen. Wie wäre es zum Beispiel, wenn wir ihnen einmal von *unserer* Jugend erzählten? Denn es geht ja nicht nur darum, daß wir *sie*, sondern genau so darum, daß sie *uns* begreifen! Manchmal habe ich das komische Gefühl, als wüßten sie von uns so wenig wie ich von der Integralrechnung! Als vermuteten sie dunkel, wir wären, als kleine Kinder, von früh bis spät mit Schlagsahne gefüttert worden, und als hätten wir nur Prügel bekommen, wenn wir die Schlagsahne nicht hätten aufessen wollen!«

»Vielleicht hast du recht«, antwortete Ferdinand. »Erzähl ihnen ein bißchen aus unserer Jugend!« Damit setzte er seinen Hut auf und ging.

Also... Ich kam im Jahre 1899 zur Welt. Mein Vater, der als junger Mann Sattlermeister mit einem eigenen Geschäft gewesen war, arbeitete damals schon, nur noch als Facharbeiter, in einer Kofferfabrik. Als ich etwa sieben Jahre alt war, gab es Streiks in der Stadt. Auf unserer Straße flogen abends Steine in die brennenden Gaslaternen. Das Glas splitterte und klirrte. Dann kam berittene Gendarmerie mit gezogenen Säbeln und schlug auf die Menge ein. Ich stand am Fenster, und meine Mutter zerrte mich weinend weg. Das war 1906. Deutschland hatte einen Kaiser, und zu seinem Geburtstag gab es auf dem Alaunplatz prächtige Paraden. Aus diesen Paraden entwickelte sich der erste Weltkrieg.

1917, als schon die ersten Klassenkameraden im Westen und Osten gefallen waren, mußte ich zum Militär. Ich hätte noch zwei Jahre zur Schule gehen sollen. Als der Krieg zu Ende war, kam ich herzkrank nach Hause. Meine Eltern mußten ihren neunzehnjährigen Jungen, weil er vor Atemnot keine Stufe allein steigen konnte, die Treppe hinaufschieben. Nach einem kurzen Kriegsteilnehmerkursus fing ich zu studieren an. 1919 hatte man in unserer Stadt einen sozialistischen Minister über die Brücke in die Elbe geworfen und so lange hinter ihm dreingeschossen, bis er unterging. Auch sonst flogen manchmal Kugeln durch die Gegend. Und an der Universität dauerte es geraume Zeit, bis sich die aus dem Kriege heimgekehrten Studenten politisch so beruhigt hatten, daß sie sich entschlossen, etwas zu lernen. Als sie soweit waren, stellte es sich plötzlich sehr deutlich heraus, daß Deutschland den Krieg verloren hatte: das Geld wurde wertlos. Was die Eltern in vielen Jahren am Munde abgespart hatten, löste sich in nichts auf. Meine Heimatstadt gab mir ein Stipendium. Sehr bald konnte ich mir für das monatliche Stipendium knapp eine Schachtel Zigaretten kaufen. Ich wurde Werkstudent, das heißt, ich arbeitete in einem Büro, bekam als Lohn am Ende der Woche eine ganze Aktenmappe voll Geld und mußte rennen, wenn ich mir dafür zu essen kaufen wollte. An der Straßenecke war mein Geld schon weniger wert als eben noch an der Kasse. Es gab Milliarden – ja sogar Billionenmarkscheine. Zum Schluß reichten sie kaum für eine Straßenbahnfahrt.

Das war 1923. Studiert wurde nachts. Heute gibt es keine Kohlen zum Heizen. Damals gab es kein Geld für die Kohlen. Ich saß im Mantel im möblierten Zimmer und schrieb eine Seminararbeit über Schillers ›Ästhetische Briefe‹. Dann war die Inflation vorbei. Kaum ein anständiger Mensch hatte noch Geld. Da wurde ich, immer noch Student, kurz entschlossen Journalist und Redakteur. Als ich meine Doktorarbeit machen wollte, ließ ich mich in der Redaktion von einem anderen Studenten vertreten. Während der Messe, ich machte mein Examen in Leipzig, hängten wir uns Plakate um und verdienten uns als wandelnde Plakatsäulen ein paar Mark hinzu. Mehrere Male in der Woche konnten mittellose Studenten bei netten Leuten, die sich an die Universität gewandt hatten, essen. Amerikanische Studenten schickten Geld. Schweden half.

Das war 1925. Nach dem Examen ging's in die Redaktion zurück. Das Monatsgehalt kletterte auf vierhundert Mark. Im nächsten Urlaub wurde der Mutter die Schweiz gezeigt, im übernächsten mußte ich mich ins Herzbad verfügen. Und 1927 flog ich auf die Straße, weil einer rechtsstehenden Konkurrenzzeitung meine Artikel nicht gefielen und mein Herr Verlagsdirektor keine Courage hatte. So fuhr ich 1927 ohne Geld los, um Berlin zu erobern. Ende des Jahres erschien mein erstes Buch. Andere folgten. Sie wurden übersetzt. Der Film kam hinzu. Die Laufbahn schien gesichert. Doch es war wieder nichts. Denn die wirtschaftliche Depression wuchs. Banken krachten. Die Arbeitslosigkeit und die Kämpfe von mehr als zwanzig politischen Parteien bereiteten der Diktatur den Boden. Hitler kam an die Macht, und Goebbels verbrannte meine Bücher. Mit der literarischen Laufbahn war es Essig.

Das war 1933. Zwölf Jahre Berufsverbot folgten. Es gibt sicher schlimmere Dinge, aber angenehmere gibt es wahrscheinlich auch... Nun schreiben wir das Jahr 1946, und ich fange wieder einmal mit gar nichts und von vorne an.

Soviel über die Jugend eines Vertreters der älteren Generation. Gewiß, wir haben ein paar Jahre die Luft der

Freiheit geatmet. Aber es war eine recht dünne Luft. Uns zu verstehen sollte eigentlich nicht schwerer sein, als uns zu beneiden oder zu bedauern. Und wenn wir uns über Kunst oder Erziehung oder Politik unterhalten – muß es denn wirklich so aussehen, als ob sich Blinde mit Taubstummen unterhielten?

Ist denn wirklich eine Chinesische Mauer da? Nein, ich kann es nicht glauben.

Februar 1946, ›Neue Zeitung‹. Die Meldung, daß man zum ersten Male Kurzwellen auf den Mond gesandt hatte, bot Gelegenheit zu einer Glosse über den Fortschritt durch die Technik.

Der Mond auf der Schulbank

Nachdem es am 10. Januar 1946 dem Evans-Signal-Laboratorium in Belmar, New Jersey, mit Hilfe eines Radar-Sonderapparates gelungen ist, Kurzwellen nach dem Monde zu senden, steht einer progressiv innigen Pflege unserer Beziehungen zum Erdtrabanten grundsätzlich nichts mehr im Wege. So dürfte etwa, wie Professor Willibald Doppelschmidt, der Verfasser des bekannten ›Radiohandbuchs für Selbstbastler‹, unserem E. K.-Mitarbeiter einleuchtend auseinandergesetzt hat, in allernächster Zeit schon mit der Herstellung einer Rundfunkverbindung zu rechnen sein.

Zu unserer Freude und Genugtuung ist dem unter amerikanischer Aufsicht stehenden ›Radio München‹ die schlechterdings einmalige Ehre zuteil geworden, das erste Sendeprogramm »in Richtung Mond« vorzubereiten. Eine hohe Ehre, gewiß, aber auch eine ungewöhnlich schwierige Aufgabe, sowohl in technischer als auch in kultureller Hinsicht. Denn mag auch unser Wissen über den Mond gleich Null sein, so steht doch eines fest: daß dessen Bewohner über die Erde, die Menschheit und deren fortschrittliche Geschichte noch mehr im Dunkeln tappen. Man könnte, wäre die Angelegenheit nicht zu bedeutungsvoll, scherzhafterweise in diesem Zusammenhang von einer geistig totalen Mondfinsternis sprechen.

Je nun, die Aufgabe wurde, unbeschadet ihrer Schwere, von den Männern des Münchner Radios un-

verzagt in Angriff genommen. Und wir sind heute in der glücklichen Lage, als erste Zeitung der Welt den authentischen Wortlaut des Festvortrages, der zum Monde gesendet werden soll, zum Abdruck zu bringen. Geheimrat Kästner, der bewährte Kulturphilosoph der Universität Schwabing, hat uns sein Manuskript bereitwilligst zur Verfügung gestellt. Die historische Sendung, die ein dem Ereignis angemessenes feierliches Gepräge tragen soll, wird mit der Ouvertüre aus ›Frau Luna‹ eröffnet werden, und zwar unter der Stabführung eines berühmten deutschen Dirigenten, mit dessen Zulassung noch vor dieser ersten Rundfunksendung auf den Mond gerechnet werden kann. Die Redaktion.

Sehr geehrte Hörerinnen und Hörer diesseits und jenseits der Erde! Daß es gerade mir, einem Nichtbayern, vergönnt ist, als erster Mensch von München aus mit den Frauen und Männern auf dem Monde zu sprechen, erfüllt mich mit tiefstem Dank. Dieser Dank gilt in erster Linie dem zur Zeit amtierenden bayerischen Kabinett, vor allem dem Herrn Ministerpräsidenten, dessen staatsmännischer Weitblick auch in dieser Sache, allen partikularistischen Sondertümeleien zum Trotz, im Interesse seines Landes nichts anderes wollte, als den rechten Mann an der rechten Stelle wirken zu sehen.

Regiebemerkung des Sendeleiters: »*Starker Applaus, wenn möglich.*«

Der Vortrag, den halten zu dürfen ich den Vorzug habe – es ist, am Rande bemerkt, mein fünfhundertster Rundfunkvortrag, ganz gewiß ein glückhaftes Omen –, dieser Vortrag hat außergewöhnliche Voraussetzungen. Ich spreche durch den Äther zu Lebewesen, über die wir Menschenkinder nichts wissen. Und die uns unbekannten Wesen sind in der gleichen, wenn nicht gar in einer noch frappanteren Lage: sie wissen nichts über *uns!*

Sehr geehrte, uns unbekannte und uns nicht kennende Wesen! Wenn ich Ihnen in Kürze einiges Wesentliche aus der Lebensgeschichte der Menschheit erzählen soll, jener geistig und moralisch auf so hoher Stufe stehenden aufrechtgehenden Gattung, die den Erdball bewohnt, also jene große, leuchtende Kugel an Ihrem lunarischen Himmel, dann muß ich mich, will ich mich auch nur näherungsweise verständlich machen, zum Scheine aller meiner Kenntnisse begeben. Ich bin genötigt, voraussetzungslos zu erzählen, was ohne Voraussetzungen kaum erzählt werden kann. Ich muß mein reiches Wissen zu vergessen suchen. Ich muß aus methodischem Anlaß einen für jeden Fachgelehrten einzigartigen, bedenklichen und doch auch wieder kühnen Schritt tun: Ich muß mich dumm stellen.

Freilich, ein echter Wissenschaftler darf im Interesse des wahren Fortschritts kein Opfer scheuen. Ich wag's! – Führen wir uns eingangs, im Geiste, die Erde vor Augen, den sich seit Jahrmillionen um sich selbst und um die Sonne schwingenden, rotglühenden, sich langsam abkühlenden Planeten. Die Erdkruste beginnt zu erkalten. Einzellige Lebewesen fassen im Urschlamm Fuß. Erste Pflanzen entwickeln sich. Seltsame, inzwischen längst verschollene Tierarten leben auf. Tropische Waldungen wuchern hoch. Eiszeiten gehen darüber hin. Tiefe Meere verschlingen den Raum. Kontinente steigen aus den sinkenden Fluten. Gigantische Vierfüßler trotten über moosbewachsene Tundren. Gattungen verderben. Gattungen werden geboren. Die Natur experimentiert in großem Stil. Zweibeinige Geschöpfe, affenähnlich, springen durch die Urwaldwipfel. Andere laufen am Boden hin, ergreifen eines merkwürdigen Tages einen Stein und schlagen damit auf den zähnefletschenden Nebenbuhler ein. Die Waffe ist erfunden, und die Geburtsstunde der Zivilisation ist da. Der Mensch marschiert. Und das Buch der Geschichte blättert langsam auf.

Die ersten Seiten sind unbeschrieben. Was wir nicht erfahren können, heißt Vorgeschichte. Das, was wir an Hand deut- und lesbarer Zeugnisse überblicken und im engeren Sinne Geschichte heißen, umspannt etwa sechstausend Jahre, sechstausend Reisen unseres Planeten um die Sonne, sechstausend Ellipsen unseres schicksalsträchtigen, geliebten und verfluchten Gestirns, von ihrem kleinen, hochgeschätzten Monde bleich lächelnd und unermüdlich begleitet.

Während dieser ruhelosen Karusselfahrt zu zweit rund um die dampfende Sonne waren nun die vorhin schon erwähnten behaarten, affenähnlichen Zweifüßler nicht ganz müßig. Sie verloren den größten Teil ihres Haarpelzes, begannen sich artikuliert zu verständigen, nannten sich »Menschen« und gingen, das ist das maßgeblich Entscheidende, zur Staatenbildung über. Mit diesem einen, mit diesem Riesenschritt traten sie mitten ins Tageslicht der Geschichte! Die Bildung eines Staats, meine Zuhörer vom Mond, ist tausendmal, ist millionenfach wichtiger als die Bildung des einzelnen, von der viel zuviel die Rede ist! Es zieht den Menschen von Anbeginn magnetisch, wenn nicht magisch zu den vielen anderen, zum Kollektiv, zur Symbiose, zum Quantum! Der einzelne hat den panischen Drang, dreierlei von sich auf andere abzuwälzen: die Arbeit, die Furcht und die Verantwortung. Da dies nun aber alle wollen, entsteht, quasi durch gegenseitige Behinderung, eine Amalgamierung aller, kurz, der Staat! Um die Gewalt und die ausweglose Notwendigkeit des Vorgangs zu begreifen, muß man ein einziges, wie Rost eingefressenes Vorurteil abschütteln: der als Individuum geborene Mensch wolle ein Individuum bleiben. Welch verhängnisvoller Irrtum! Er will es *nicht!*

Ganz vereinzelt auftauchende Sonderlinge, bei denen in der Jugend der Geltungshunger stärker entwickelt ist als die Angst vor der Verantwortung, und die auf Grund eines Sehfehlers, die eigene Größe zu hoch und die Größe der Verantwortung zu niedrig taxieren, übernehmen es jeweils, die sogenannten Staaten zu regieren. Die so veranlagten Menschen sind selten; andererseits ist mir aber auch kein Fall bekannt, wo sich nicht schließlich doch immer einer gefunden hätte. Es gibt übrigens verschiedene Staatsformen, und der Unterschied zwischen ihnen läßt sich am knappesten wie folgt charakterisieren: In der sogenannten »Diktatur« werden die Staatsbürger von wenigen Menschen, in der sogenannten »Demokratie« werden wenige Menschen von den Staatsbürgern regiert. Früher gab es auch noch die »Monarchie«. Da blieb das Regierungsgeschäft in der Familie und durfte nicht weiterverkauft werden. Der Erbe mußte das Geschäft übernehmen, auch wenn er tausendmal lieber Drechsler oder Oberförster geworden wäre. Diese Staatsform existiert heute nicht mehr. Es gibt allerdings einzelne Regierungsgeschäfte, die aus alter Gewohnheit noch immer »Monarchie« heißen. Doch der sogenannte Firmenchef und der wirkliche Inhaber sind schon lange nicht mehr die gleiche Person. Der ehemalige Besitzer steht nur noch mitunter an der Ladentür und grüßt die Kundschaft.

Dem eben beschriebenen Bedürfnis des Menschen, Staaten zu bilden, gesellt sich vom ersten Tage der Geschichte ein nicht minder primäres, zweites: das Kriegsbedürfnis. Dem panischen Drang, eigene Staaten zu bilden, entspricht das Verlangen, fremde Staaten zu zerstören. Das ist verständlich. Der Mensch wird Staatsbürger, um sich der individuellen Furcht und der persönlichen Verantwortung zu entledigen. Sobald ihm das gelungen ist, folgt er, seelisch nicht länger gehemmt, seinen Wünschen. Er wünscht sich mehr Vieh, Land, Gold, Weiber, Sklaven, Petroleum, billigeren Einkauf, breiteren Absatz. Wo gibt es das? Beim Nachbarstaat. Man muß ihn unterwerfen. Man bringt ihm deshalb, bewaffnet, eine bessere Staatsform oder eine bessere Religion oder eine bessere Wirtschaftsweise oder höhere Kultur ins Land. Diese Gründe mögen nicht ganz aufrichtig gemeint sein. Nun, ich habe den Menschen ein staatenbildendes und staatenzerstörendes Lebewesen genannt – daß er ehrlich sei, habe ich in meinen Darlegungen nicht behauptet.

Sehr geehrte Hörerinnen und Hörer! Die Ihnen fremden Bewohner der Erde haben außer dem Staats- und dem Kriegsbedürfnis auch noch einige andere Neigungen, die sich andeutungsweise mit den Begriffen »Kunst«, »Wissenschaft«, »Religion« bezeichnen lassen. Doch da diese Bedürfnisse viel weniger ausgeprägt sind, mögen sie in einem so kurzen Abriß wie diesem unerörtert bleiben. Über die »Technik« wäre noch ein Wort zu sagen, da sie den Fortschritt von Krieg und Staat und insofern den gewaltigen Fortschritt der menschlichen Rasse überhaupt erst ermöglicht hat. Sie hat es zum Beispiel nicht nur verstanden, jeden Krieg neu und ausgesprochen interessant zu gestalten, was ja unerläßlich ist, sondern sie hat die Mittel der Staatenzerstörung zu einer solchen Meisterschaft entwickelt, daß ein weiterer Fortschritt der Menschheit kaum noch vorstellbar ist! Wenn ich Ihnen sage, daß, in frühgeschichtlichen Kriegen, der Waffenträger mit einem Handgriff einen einzigen Gegner, heute dagegen zwei- bis dreihunderttausend Stück töten kann, werden Sie sich sogar auf dem Mond ein ungefähres

Bild von der Größe des Fortschritts machen können, den die Erde der Technik verdankt.

Nun läuft seit undenklichen Zeiten dem Fortschritt der Kriege der Fortschritt der Staatenbildung parallel. Die Staaten werden immer größer. Ihre Zahl wird demgemäß immer kleiner. Und gerade jetzt sind einige Menschengruppen dabei, einen einzigen, einen Weltstaat mit einer einzigen, einer Weltregierung zu fordern! Damit wäre, durch die verfrühte und einseitige Entwicklung des Bedürfnisses nach Staatenbildung, dem anderen ebenso zähen Bedürfnis nach Staatenzerstörung, kurz vor der technischen Vollendung der Mittel hierzu, ein Ende gesetzt. Das jedoch widerspräche nun dieser zweiten grundlegenden, geschichtsbildenden Eigenschaft der Erdbewohner und dem polaren Wesen der Geschichte von Grund auf.

Deswegen bleibt, sollte der ungeteilte Weltstaat wider jedes Erwarten zustande kommen, nur *eine* Möglichkeit zur Aufrechterhaltung unserer planetarischen Geschichte: die Technik muß über die irdische Sphäre hinausgreifen! Sie muß der womöglich geeinten Menschheit Waffen in die Hand drücken, die es gestatten, dem Bedürfnis nach Staatenzerstörung auf anderen bewohnten Sternen ausreichend Genüge zu tun! Welch gewaltiger, unvorhergesehener Ausblick! Welche ungeahnten Möglichkeiten, den Frieden auf Erden und den unwandelbaren Sinn der Menschheitsgeschichte auf einer neuen höheren Ebene zu vereinigen!

Regiebemerkung des Sendeleiters: »*Nun bis zum Schluß dumpfer Trommelwirbel.*«

Frauen und Männer vom Mond! Eine neue Ära ist angebrochen! Wir freuen uns, mit Ihrem kleinen Stern Tuchfühlung aufgenommen zu haben! Lassen Sie uns wissen, wie der Empfang gewesen ist! Versuchen Sie umgehend, uns Ihrerseits über die staatlichen Verhältnisse auf dem Mond zu informieren! Wir sind jederzeit gern bereit, Ihren Regierungen mit Rat und Tat beizustehen! Unsere Erfinder arbeiten an neuen technischen Wundern und Wunderwaffen! Und so sagen wir nicht nur: »Auf Wiederhören!« Sondern darüber hinaus: »Wir hoffen, Sie bald noch näher kennenzulernen!«

Februar 1946, ›Neue Zeitung‹. Amerikanische Kameraleute hatten in verschiedenen Konzentrationslagern, unmittelbar nach der Befreiung der Häftlinge, Aufnahmen gemacht, die jetzt überall als Film vorgeführt wurden. Das unterdrückte Gefühl, wenigstens passiv an der Riesenschuld teilzuhaben, die Skepsis jeder »Propaganda« gegenüber, die eigene Notlage und andere Gründe führten dazu, daß der Film seinen Zweck, im allgemeinen gesehen, nicht erreichte.

Wert und Unwert des Menschen

Es ist Nacht. – Ich soll über den Film ›Die Todesmühlen‹ schreiben, der aus den Aufnahmen zusammengestellt worden ist, welche die Amerikaner machten, als sie dreihundert deutsche Konzentrationslager besetzten. Im vergangenen April und Mai. Als ihnen ein paar hundert hohlwangige, irre lächelnde, überlebende Skelette entgegenwankten. Als gekrümmte, verkohlte Kadaver noch in den elektrisch geladenen Drahtzäunen hingen. Als noch Hallen, Lastautos und Güterzüge mit geschichteten Leichen aus Haut und Knochen vollgestopft waren. Als auf den Wiesen lange hölzerne Reihen durch Genickschuß »Erledigter« in horizontaler Parade besichtigt werden konnten. Als vor den Gaskammern die armseligen Kleidungsstücke der letzten Mordserie noch auf der Leine hingen. Als sich in den Verladekanälen, die aus den Krematorien wie Rutschbahnen herausführten, die letzten Zentner Menschenknochen stauten.

Es ist Nacht. – Ich bringe es nicht fertig, über diesen unausdenkbaren, infernalischen Wahnsinn einen zusammenhängenden Artikel zu schreiben. Die Gedanken fliehen, sooft sie sich der Erinnerung an die Filmbilder nähern. Was in den Lagern geschah, ist so fürchterlich, daß man darüber nicht schweigen darf und nicht sprechen kann.

Ich entsinne mich, daß Statistiker ausgerechnet haben, wieviel der Mensch wert ist. Auch der Mensch besteht ja bekanntlich aus chemischen Stoffen, also aus Wasser, Kalk, Phosphor, Eisen und so weiter. Man hat diese Bestandteile sortiert, gewogen und berechnet. Der Mensch ist, ich glaube, 1,87 RM wert. Falls Shakespeare klein und nicht sehr dick gewesen sein sollte, hätte er vielleicht nur 1,78 RM gekostet... Immerhin, es ist besser als gar nichts. Und so wurden in diesen Lagern die Opfer nicht nur ermordet, sondern auch bis zum letzten Gran und Gramm wirtschaftlich »erfaßt«. Die Knochen wurden gemahlen und als Düngemittel in den Handel gebracht. Sogar Seife wurde gekocht. Das Haar der toten Frauen wurde in Säcke gestopft, verfrachtet und zu Geld gemacht. Die goldenen Plomben, Zahnkronen und -brücken wurden aus den Kiefern herausgebrochen und, eingeschmolzen, der Reichsbank zugeführt. Ich habe einen ehemaligen Häftling gesprochen, der im »zahnärztlichen Laboratorium« eines solchen Lagers beschäftigt war. Er hat mir seine Tätigkeit anschaulich geschildert. Die Ringe und Uhren wurden fässerweise gesammelt und versilbert. Die Kleider kamen in die Lumpenmühle. Die Schuhe wurden gestapelt und verkauft.

Man taxiert, daß zwanzig Millionen Menschen umkamen. Aber sonst hat man wahrhaftig nichts umkommen lassen... 1,87 RM pro Person. Und die Kleider und Goldplomben und Ohrringe und Schuhe extra. Kleine Schuhe darunter. Sehr kleine Schuhe.

In Theresienstadt, schrieb mir neulich jemand, führten dreißig Kinder mein Stück ›Emil und die Detektive‹ auf. Von den dreißig Kindern leben noch drei. Siebenundzwanzig Paar Kinderschuhe konnten verhökert werden. Auf daß nichts umkomme.

Es ist Nacht. – Man sieht in dem Film, wie Frauen und Mädchen in Uniform aus einer Baracke zur Verhandlung geführt werden. Angeklagte deutsche Frauen und Mädchen. Eine wirft hochmütig den Kopf in den Nakken. Das blonde Haar fliegt stolz nach hinten.

Wer Gustave Le Bons ›Psychologie der Massen‹ gelesen hat, weiß ungefähr, in der Theorie, welch ungeahnte teuflische Gewalten sich im Menschen entwickeln können, wenn ihn der abgründige Rausch, wenn ihn die seelische Epidemie packt. Er erklärt es. Es ist unerklärlich. Ruhige, harmlose Menschen werden plötzlich Mörder und sind stolz auf ihre Morde. Sie erwarten nicht Abscheu oder Strafe, sondern Ehrung und Orden. Es ließe sich, meint der Gelehrte, verstehen. Es bleibt unverständlich.

Frauen und Mädchen, die doch einmal Kinder waren. Die Schwestern waren, Liebende, Umarmende, Bräute. Und dann? Dann auf einmal peitschten sie halbverhungerte Menschen? Dann hetzten sie Wolfshunde auf sie? Dann trieben sie kleine Kinder in Gaskammern? Und jetzt werfen sie den Kopf stolz in den Nacken? Das solle sich verstehen lassen, sagt Gustave Le Bon?

Es ist Nacht. – Der Film wurde eine Woche lang in allen bayerischen Kinos gezeigt. Zum Glück war er für Kinder verboten. Jetzt laufen die Kopien in der westlichen amerikanischen Zone. Die Kinos sind voller Menschen. Was sagen sie, wenn sie wieder herauskommen?

Die meisten schweigen. Sie gehen stumm nach Hause. Andere treten blaß heraus, blicken zum Himmel und sagen: »Schau, es schneit.« Wieder andere murmeln: »Propaganda! Amerikanische Propaganda! Vorher Propaganda, jetzt Propaganda!« Was meinen sie damit? Daß es sich um Propaganda*lügen* handelt, werden sie damit doch kaum ausdrücken wollen. Was sie gesehen haben, ist immerhin fotografiert worden. Daß die amerikanischen Truppen mehrere Geleitzüge mit Leichen über den Ozean gebracht haben, um sie in den deutschen Konzentrationslagern zu filmen, werden sie nicht gut annehmen. Also meinen sie: Propaganda auf Wahrheit beruhender Tatsachen? Wenn sie aber das meinen, warum klingt ihre Stimme so vorwurfsvoll, wenn sie »Propaganda« sagen? Hätte man ihnen die Wahrheit *nicht* zeigen sollen? Wollten sie die Wahrheit *nicht* wissen? Wollen sie die Köpfe lieber wegdrehen, wie einige der Männer in Nürnberg, als man ihnen diesen Film vorführte?

Und einige sagen: »Man hätte ihn schon vor Monaten zeigen sollen.« Sie haben recht. Aber ist es nicht immer noch besser, die Wahrheit verspätet, als nicht zu zeigen und zu sehen?

Es ist Nacht. – Ich kann über dieses schreckliche Thema keinen zusammenhängenden Artikel schreiben. Ich gehe erregt im Zimmer auf und ab. Ich bleibe am Bücherbord stehen, greife hinein und blättere. Silone schreibt in dem Buch ›Die Schule der Diktatoren‹: »Terror ist eben nur Terror, wenn er vor keinerlei Gewalttat zurückschreckt, wenn für ihn keine Regeln, Gesetze oder Sitten mehr gelten. Politische Gegner besetzen Ihr Haus, und Sie wissen nicht, was Sie zu gewärtigen haben: Ihre Verhaftung? Ihre Erschießung? Eine einfache Verprügelung? Das Haus angezündet? Frau und Kinder abgeführt? Oder wird man sich damit begnügen, Ihnen beide Arme abzuhauen? Wird man Ihnen die Augen ausstechen und die Ohren abschneiden? Sie wissen es nicht. Sie können es nicht wissen.

Der Terror kennt weder Gesetze noch Gebot. Er ist die nackte Gewalt; stets nur darauf aus, Entsetzen zu verbreiten. Er hat es weniger darauf abgesehen, eine gewisse Anzahl Gegner körperlich zu vernichten, als darauf, die größtmögliche Zahl derselben seelisch zu zermürben, irrsinnig, blöde, feige zu machen, sie jeden Restes menschlicher Würde zu berauben. Selbst seine Urheber und Ausführer hören auf, normale Menschen zu sein. In Terrorzeiten sind die wirksamsten und häufigsten Gewalttaten gerade die ›sinnlosesten‹, die überflüssigsten, die unerwartetsten ...«

Silone wird sein Buch, das 1938 erschienen ist, in der nächsten Auflage leicht überarbeiten müssen. Zwanzig Millionen »körperlich vernichtete« Gegner sind eine ganz nette Summe. Auch darauf scheint es dem Terror anzukommen. Nicht nur darauf, wie Generalmajor Fuller in ›The First of the League Wars‹ schreibt, »lähmendes Entsetzen zu verbreiten, den Feind wenigstens vorübergehend wahnsinnig zu machen, wahnsinnig zum Anbinden«. Menschen, die man verbrennt und vergast, braucht man nicht mehr anzubinden. Man spart zwanzig Millionen Stricke. Das darf nicht unterschätzt werden.

Es ist Nacht. – Clemenceau hat einmal gesagt, es würde nichts ausmachen, wenn es zwanzig Millionen Deutsche weniger gäbe. Hitler und Himmler haben das mißverstanden. Sie glaubten, zwanzig Millionen Europäer. Und sie haben es nicht nur *gesagt!* Nun, wir Deutsche werden gewiß nicht vergessen, wieviel Menschen man in diesen Lagern umgebracht hat. Und die übrige Welt sollte sich zuweilen daran erinnern, wieviel Deutsche darin umgebracht wurden.

> Im Jahre 1946 erschien bei Rowohlt, Stuttgart, eine ›Gruß nach vorn‹ betitelte Auswahl aus Kurt Tucholskys Büchern. Ich steuerte das Vorwort bei.

Begegnung mit Tucho

Sehr oft bin ich ihm nicht begegnet. Denn als ich 1927 nach Berlin kam, um das Fürchten zu lernen, hieß sein Wohnort schon: Europa. Bald hauste er in Frankreich, bald in Schweden, bald in der Schweiz. Und nur selten hörte man: »Tucho ist für ein paar Tage in Berlin!« Dann wurden wir eilig in der Douglasstraße zusammengetrommelt. »Wir«, das waren die Mitarbeiter der ›Weltbühne‹: Carl von Ossietzky, Arnold Zweig, Alfred Polgar, Rudolf Arnheim, Morus, Werner Hegemann, Hermann Kesten und einige andere. Tucholsky saß dann zwischen uns, keineswegs als sei er aus Paris oder Gripsholm, sondern höchstens aus Steglitz oder Schöneberg auf einen Sprung in den Grunewald herübergekommen; und kam er gerade aus der Schweiz, so dachte man, während man ihm belustigt zuhörte, nicht ganz ohne Besorgnis: Da werden nun also alle Eidgenossen berlinern!

An solchen Abenden ging es hoch her. Da wurden das Weltall und die umliegenden Ortschaften auseinandergenommen. Emmi Sachs und das Dienstmädchen reichten kleine Brötchen und große Cocktails herum. Und Edith Jacobsohn, die Verlegerin, blickte wohlgefällig durch ihr Monokel. Einmal, weiß ich noch, war meine Mutter, die mir aus Dresden die frische Wäsche gebracht hatte, dabei. Sie saß leicht benommen inmitten der lauten Männer, die sie nicht kannte, und hörte von Büchern und Menschen reden, die sie noch weniger kannte. Da rückte Tucholsky seinen Stuhl neben den ihren und unterhielt sich mit ihr über mich. Er lobte ihren »Jungen« über den grünen Klee, und das verstand sie nun freilich. Das war ihr Spezialgebiet. Er aber sah mich lächelnd an und nickte mir zu, als wollte er sagen: So hat jeder seine Interessen – man muß sie nur herauskriegen!

Ein einziges Mal, 1931 oder 1932, war ich länger mit ihm zusammen. Vierzehn Tage lang, und das war purer Zufall. Am Ende einer Schweizer Urlaubsreise war ich in Brissago gelandet. Am Lago Maggiore, nicht weit von Locarno. In Brissago lag ein schönes, großes, bequemes Hotel mit einem alten Park, einem sandigen Badestrand und anderen Vorzügen. Hier gedachte ich ein neues Buch anzufangen, mietete außer einem Balkonzimmer noch einen zweiten Balkon und zog jeden Tag mit der Sonne und einem Schreibblock von einer Hotelseite zur anderen, ließ mich braunbrennen, blickte auf den See hinunter und malte zögernd kariertes Papier mit Wörtern voll. Als ich eines Abends – ich war schon mehrere Tage dort – beim Portier nach Post fragte, sah ich einen großen Stapel Postpakete liegen. Das konnten nur Bücher sein! Und auf jedem der Pakete stand: »An Herrn Dr. Kurt Tucholsky. Absender: Die Redaktion der ›Weltbühne‹.«

Wir waren einander noch nicht begegnet, weil er dauernd in seinem Dachzimmer gehockt und auf der Reiseschreibmaschine klaviergespielt hatte. Denn Ossietzky brauchte Artikel. – Am Abend aßen wir miteinander auf der Veranda, tranken eine Flasche Asti spumante und freuten uns wie die Kinder, wenn sie eine Gelegenheit entdeckt haben, sich von den Schularbeiten zu drücken. Wir blickten auf den See, und es war, als führen wir auf einem großen, langsamen Dampfer durch die gestirnte Nacht. – Beim Mokka wurden wir dann wieder erwachsen und organisierten die neue Situation. Tagsüber, schworen wir, wollten wir uns nicht stören, sondern tun, als ob der andere überhaupt nicht da wäre. Einander flüchtig zu grüßen, wurde einstimmig konzediert. Abends wollten wir uns dann regelmäßig zum Essen treffen und hinterdrein ein paar Stunden zusammen sein.

So geschah es auch. Während ich tagsüber am Strand lag oder von einem Balkon zum anderen zog, damit in meinem Reich die Sonne nicht untergehen möge, klapperte Tucholskys Schreibmaschine unermüdlich, der schönen Stunden und Tage nicht achtend. Der Mann, der da im Dachstübchen schwitzte, tippte und Pfeife rauchte, schuftete ja für fünf – für Peter Panter, Theobald Tiger, Ignaz Wrobel, Kaspar Hauser und Kurt Tucholsky in einer Person! Er teilte an der kleinen Schreibmaschine Florettstiche aus, Säbelhiebe, Faustschläge. Die Männer des Dritten Reiches, Arm in Arm mit den Herren der Reichswehr und der Schwerindustrie, klopften ja damals schon recht vernehmlich an Deutschlands Tür. Er zupfte sie an der Nase, er trat sie gegen das Schienbein, einzelne schlug er k.o. – ein kleiner, dicker Berliner wollte mit der Schreibmaschine eine Katastrophe aufhalten...

Abends kam er, frisch und munter, zum Essen an unseren Verandatisch hinunter. Wir sprachen über den Parteienwirrwarr, über die wachsende Arbeitslosigkeit, über die düstere Zukunft Europas, über die ›Weltbühne‹ natürlich, über neue Bücher, über seine Reisen. Und wenn wir später am See und im Park spazieren gingen, gerieten wir meistens ins Fachsimpeln. Dann war vom Satzbau die Rede, von Chansonpointen, von der »Überpointe« in der letzten Strophe und ähnlichem Rotwelsch. In einer entlegenen Ecke des Parks stand, in einer kleinen von Oleanderbüschen umgebenen Orchestermuschel, ein altes, verlassenes Klavier. Manchmal setzte er sich an den ziemlich verstimmten Kasten und sang mir Chansons vor, die er für ›Schall und Rauch‹, für Gussy Holl, für Trude Hesterberg und andere geschrieben hatte. Diese Vortragsabende für einen einzigen Zuhörer, am abendlichen See und wahrhaftig unter Palmen, werde ich nicht vergessen ...

Oft war er niedergeschlagen. Ein Gedanke quälte und verfolgte ihn. Der Gedanke, was aus dem freien Schriftsteller, aus dem Individuum im Zeitalter der Volksherrschaft werden solle. Er war bereit, dem arbeitenden Volk und dem Sozialismus von Herzen alles hinzugeben, nur eines niemals: die eigene Meinung! Und dann marterten ihn damals schon, was ihn immer mehr und immer unerträglicher heimsuchen sollte – mit keinem Mittel zu heilende, durch keine Kur zu lindernde Schmerzen in der Stirnhöhle.

Als wir uns trennten, wußten wir nicht, daß es für immer sein werde. Ich fuhr nach Deutschland zurück. Bald darauf schlug die Tür zum Ausland zu. Eines Tages hörten seine Freunde und Feinde, daß er aus freien Stücken noch einmal emigriert war. Dorthin, von wo man nicht wieder zurückkehren kann ...

Mai 1946, ›Pinguin‹. Es ist kein Wunder, daß die im Dritten Reich herangewachsene Jugend, an die Kriegsheldenverehrung gewöhnt, die »Abrüstung« ihrer Ideale nicht ohne weiteres hinnehmen konnte und wollte. Im folgenden versuchte ich es mit dem Humor, den Halbwüchsigen die militante Geschichtsschreibung in Frage zu stellen.

Der gordische Knoten

Wir alle kennen ihn noch aus der Geschichtsstunde, den makedonischen Alexander. Und auch die Anekdote mit dem berühmten gordischen Knoten kennen wir noch, die dem jugendlichen Eroberer nachgesagt wird. Als er in Gordium einzog und von dem kunstvoll verschlungenen Knoten hörte, den bislang kein Mensch hatte aufknüpfen können, ließ er sich stracks hinführen, besah sich das berühmte Ding von allen Seiten, bedachte den Orakelspruch, der dem Auflöser des Problems großen Erfolg und weithallenden Ruhm verhieß, zog kurzentschlossen sein Schwert und hieb den Knoten mitten durch.

Na ja. Die Soldaten Alexanders jubelten natürlich. Und man pries die Intelligenz und Originalität des jungen Königs. Das ist nicht gerade verwunderlich. Eines muß ich allerdings ganz offen sagen, – meine Mutter hätte nicht dabeisein dürfen! Wenn meine Mutter daneben gestanden hätte, hätte es Ärger gegeben. Wenn ich als Junge, kein Haar weniger originell und intelligent als Alexander, beim Aufmachen eines verschnürten Kartons kurzentschlossen mein Schwert, beziehungsweise mein Taschenmesser zog, um den gordischen Bindfaden zu durchschneiden, bekam ich mütterlicherseits Ansichten zu hören, die denen des Orakels diametral widersprachen und die jubelnden Truppen aus Makedonien außerordentlich verblüfft hätten. Alexander war bekanntlich ein großer Kriegsheld, und die Perser, Meder, Inder und Ägypter pflegten Tag und Nacht vor ihm zu zittern. Nun, meine Mutter hätte sich diesem Gezitter nicht angeschlossen. »Knoten schneidet man nicht durch!« hätte sie in strengem Tone gesagt. »Das gehört sich nicht, Alex! Strick kann man immer brauchen!«

Und wenn Alexander der Große nicht so jung gestorben, sondern ein alter, weiser Mann geworden wäre, hätte er sich vielleicht eines Tages daran erinnert und bei sich gedacht: »Diese Frau Kästner, damals in Gordium, hatte gar nicht so unrecht. Knoten schneidet man nicht durch. Wenn man es trotzdem tut, sollten die Soldaten nicht jubeln. Und wenn die Soldaten jubeln, sollte man sich wenigstens nichts darauf einbilden!«

Ich habe in den verflossenen Jahren gelegentlich kurze gereimte Epigramme geschrieben und in einer kleinen Mappe aufgehoben. Eines dieser Epigramme beschäftigt sich zufälligerweise auch mit dem gordischen Knoten, und so scheint es mir angebracht, den Fünfzeiler in diesem Zusammenhange zu veröffentlichen.

Über den Nachruhm

Den unlösbaren Knoten zu zersäbeln,
gehörte zu dem Pensum Alexanders.
Und wie hieß jener, der den Knoten knüpfte?
Den kennt kein Mensch.
Doch sicher war es jemand anders ...

Es ist wirklich merkwürdig, nicht? Da setzt sich jemand auf die Hosen und bringt mit viel Fleiß, Gescheitheit und Geschick einen Knoten zustande, der so raffiniert geschlungen ist, daß ihn kein Mensch auf der Welt aufknüppern kann, und den, der das Kunststück fertigbrachte, hat uns die Geschichte nicht überliefert! Aber wer das Taschenmesser herauszog, das wissen wir natürlich! Die Historiker haben seit Jahrtausenden eine Schwäche für die starken Männer. Auf steinernen Tafeln, auf Papyrusrollen, auf Pergamenten und in dicken Büchern schwärmen sie von Leuten, welche die Probleme mit Schwertstreichen zu lösen versuchten. Davon zu berichten, wie sich die Fäden des Schicksals unlösbar verschlangen, das interessiert sie viel weniger. Und darüber zu schreiben, wie seltsame Idealisten solche Schicksalsverknotungen friedlich entwirren wollten, ödet sie an. Dem Zerhacken der Knoten gilt ihr pennälerhaftes Interesse, und sie haben nicht wenig dazu beigetragen, die alten gordischen Methoden in Ansehen und am Leben zu erhalten.

Wir haben gerade wieder einmal das Vergnügen gehabt, persönlich dabeigewesen zu sein, als so ein Knoten zersäbelt, statt mühselig aufgedröselt wurde. Es war kolossal interessant. Die Haare stehen uns jetzt noch zu Berge, soweit sie uns nicht ausgegangen sind. Und während sich auf internationalen Konferenzen Abgesandte aus aller Welt abquälen, die neuen Knoten zu entwirren, die sich allenthalben bilden, sitzen, nicht zuletzt bei uns, schon wieder Anhänger der Säbeltheorie herum und knurren: »Ist ja alles Quatsch! Wozu lange knüppern? Durchhacken ist das einzig Senkrechte!«

Ich finde, man sollte wirklich langsam dazu übergehen, statt der Knoten die Leute durchzuhauen, die solche Ratschläge geben.

Juni 1946, ›Pinguin‹. Will man die Kinder richtig heranbilden, muß man's zuvor mit den Lehrern tun. Diese viel zu wenig beachtete und schon gar nicht befolgte Banalität mußte, während man in den Erziehungsministerien über neuen Lehrplänen, Lesebüchern und Schulreformen brütete, eindeutig ausgesprochen werden.

Zur Entstehungsgeschichte des Lehrers

Eine der schwierigsten und dringendsten Aufgaben ist, wie wir alle wissen, die Reform des Unterrichts. Denn es fehlt nicht nur an intakt gebliebenen Schulgebäuden, sondern auch an intakt gebliebenen Lehrern. Zahlreiche Opfer forderte der Krieg. Zahllose Opfer forderte die Diktatur. Ihr fielen diejenigen zum Opfer, die sich wehrten. Ihr fallen jetzt die zum Opfer, die sich nicht gewehrt haben.

Es ist ja, wie auch anderswo, bei den deutschen Lehrern nicht etwa so gewesen, daß nur die Betreffenden Nationalsozialisten geworden wären, die allen Ernstes an Hitlers Programmpunkte glaubten. Deren Zahl ließe sich gewiß verschmerzen. Entscheidend war die Zahl derer, die, als es riskant wurde, ihre bisherigen Anschauungen ohne großes Federlesen auf den Müll warfen. Sie hatten – ich greife zu einem handlichen Beispiel – gelehrt und gelernt, daß Karl der Große europäisch weitblickend gedacht, geplant und gehandelt habe. Spätestens Anno 1934 predigten sie plötzlich, ohne ihre Meinung de facto auch nur um einen Zentimeter geändert zu haben: daß Karl der Franke ein Unglücksmann gewesen sei, der insbesondere durch das Sachsenmassaker in Verden an der Aller Deutschlands Entwicklung grundsätzlich zum Schlimmen gewandt habe. Und heute? Heute wären sie liebend gerne bereit, sich erneut hinters Katheder zu klemmen und, wie einst im Mai, mit präzeptoraler Würde zu erklären, daß Karls europäische Sendung und die »karolingische Renaissance« nicht hoch genug veranschlagt werden können. Heute behaupten sie auch, sie hätten damals, ob sie wollten oder nicht, Parteimitglieder werden müssen. Dabei steht fest, daß sie das nicht werden mußten. Fest steht nur, daß sie nicht feststanden. Daß sie umfielen, bevor man sie anblies. Daß sie zwar ein respektables Wissen besaßen, aber nicht den entsprechend respektablen Charakter. Ich schreibe so etwas nicht leichtfertig hin, noch leichten Herzens. Und schon gar nicht, um Männer, denen man jetzt die Ausübung ihres Berufes untersagt, zum Überfluß auch noch madig zu machen. Sondern ich schreibe es nieder, weil ich nicht nur den Tatbestand kenne, sondern auch die Ursachen. Und auf die Ursachen hinzuweisen, ist dringend geboten. Die Lehrer haben im Dritten Reich versagt, weil, vor 1933, die Lehrerbildung versagt hat. Es kann nicht früh genug darauf hingewiesen werden, daß man die Kinder nur dann vernünftig erziehen kann, wenn man zuvor die Lehrer vernünftig erzieht.

Als ich in den letzten Jahren der wilhelminischen Ära ein »Seminar« besuchte – so hießen damals die Lehrerbildungsanstalten – war die Situation folgendermaßen: Da der Staat die Seminare finanziell unterstützte, bot deren Besuch für die begabten, bildungshungrigen Söhne des Handwerkerstandes, der Arbeiterschaft und des Kleinbauerntums die billigste, im Grunde die einzige erschwingbare Fortbildungsmöglichkeit. Die Folge war, daß wir Seminaristen in aller Augen, besonders in denen der übrigen »höheren« Schüler, »second class« waren. Der Staat tat das Seine. Wir kosteten ihn Geld, und so vermauerte er uns eine andere, vor allem eine akademische Berufswahl. Deshalb war unser Abgangszeugnis dem Abitur nicht gleichgestellt. Man tat das, obwohl unser Begabungsdurchschnitt und unser Wissensniveau unleugbar über dem Mittelwert der anderen Schulen lagen. Die uns eines Tages erwartenden bescheidenen Gehälter gaben unserem Ansehen den Rest. Sie unterhöhlten schließlich auch unsere Selbsteinschätzung, soweit davon noch die Rede sein konnte.

Auch unsere Professoren genossen geringeren Respekt als die Gymnasiallehrer, obwohl sie diesen an Wissen und Können völlig das Wasser reichten. Endlich war – und das ist das Ärgste – unsere Charakterbildung auf bedenkliche Ziele gerichtet. Am deutlichsten wurde dies im Internatsleben. Der Staat lenkte unsere Erziehung gradlinig dorthin, wo er den größten Nutzeffekt sah. Er ließ sich in den Seminaren blindlings gehorsame, kleine Beamte mit Pensionsberechtigung heranziehen. Unser Unterrichtsziel lag nicht niedriger als das der Realgymnasien. Unsere Erziehung bewegte sich auf der Ebene der Unteroffiziersschulen. Das Semiar war eine Lehrerkaserne.

So war es nur folgerichtig, daß die Schüler, wenn sie auf den Korridoren einem Professor begegneten, ruckartig stehenblieben und stramm Front machen mußten. Daß sie in den Arbeitszimmern, wenn ein Lehrer eintrat, auf das zackige Kommando des Stubenältesten hin aufspringen mußten. Daß sie zweimal in der Woche nur eine Stunde Ausgang hatten. Daß nahezu alles verboten war und daß Übertretungen aufs strengste bestraft wurden. So stutzte man die Charaktere. So wurde das Rückgrat geschmeidig gemacht und, war das nicht möglich, gebrochen. Hauptsache war: Es entstand der gefügige, staatsfromme Beamte, der sich nicht traute, selbständig zu denken, geschweige zu handeln.

Wer sich nicht fügen wollte oder konnte, suchte, wenn sich ihm ein Ausweg bot, das Weite. Ich gehörte zu den Glücklichen. Ich besuchte, als ich nach dem Ersten Weltkrieg heim kam, ein Reformgymnasium und bekenne, nie im Leben wieder so gestaunt zu haben wie damals, als ich plötzlich Professoren erlebte, die sich während des Unterrichts zwischen ihre Schüler setzten und diese, auf die natürlichste Weise von der Welt, wie ihresgleichen behandelten. Ich war überwältigt. Zum erstenmal erlebte ich, was Freiheit in der Schule war, und wie weit sie gestattet werden konnte, ohne die Ordnung zu gefährden. Die anderen, die wieder ins Seminar zurückgemußt hatten, wurden weiter zu Gehorsamsautomaten gedrillt. Dann wurden sie Volksschullehrer und taten blind, was ihnen zu tun befohlen war. Und als dann eines Tages, nach 1933, die Befehle entgegengesetzt lauteten, hatten die meisten nichts entgegenzusetzen. Ihre Antwort war auch dann – blinder Gehorsam.

Herbst 1946, ›Schaubude‹

Die Jugend hat das Wort

1.

Ihr seid dieÄlt'ren. Wir sind jünger.
Ihr steht am Weg mit gutem Rat.
Mit scharfgespitztem Zeigefinger
weist ihr uns auf den neuen Pfad.

Ihr habt das wundervoll erledigt.
Vor einem Jahr schriet ihr noch »Heil!«
Man staunt, wenn ihr jetzt »Freiheit« predigt
wie kurz vorher das Gegenteil.

Wir sind die Jüng'ren. Ihr seid älter.
Doch das sieht auch das kleinste Kind:
Ihr sprecht von Zukunft, meint Gehälter
und hängt die Bärte nach dem Wind!

Nun kommt ihr gar, euch zu beschweren,
daß ihr bei uns nichts Recht's erreicht?
O, schweigt mit euren guten Lehren!
Es heißt: Das Alter soll man ehren ...
Das ist mitunter, das ist mitunter,
das ist mitunter gar nicht leicht.

2.

Wir wuchsen auf in eurem Zwinger.
Wir wurden groß mit eurem Kult.
Ihr seid die Ält'ren. Wir sind jünger.
Wer älter ist, hat länger schuld.

Wir hatten falsche Ideale?
Das mag schon stimmen, bitte sehr.
Doch was ist nun? Mit einem Male
besitzen wir selbst *die* nicht mehr!

Um unser Herz wird's kalt und kälter.
Wir sind so müd und ohn Entschluß.
Wir sind die Jüng'ren. Ihr seid älter.
Ob man euch wirklich – lieben muß?

Ihr wollt erklären und bekehren.
Wir aber denken ungefähr:
»Wenn wir doch nie geboren wären!«
Es heißt: Das Alter soll man ehren ...
Das ist mitunter, das ist mitunter,
das ist mitunter furchtbar schwer.

Juli 1946, ›Pinguin‹. Die Zahl der richtigen Leute am richtigen Platz war nicht gewachsen. Auch unter den Jugendlichen meinten viele, daß »es sich nicht lohne«. Die Apathie griff um sich. Und der Schwarze Markt.

Der tägliche Kram

Nun ist es ungefähr ein Jahr her, daß würdig aussehende Männer in mein Zimmer traten und mir antrugen, die Feuilletonredaktion einer Zeitung zu übernehmen. Da erinnerte ich mich jener Studentenjahre, die ich auf einem Redaktionsstuhl verbracht und nach deren Ablauf ich mir hoch und heilig geschworen hatte, es ganz bestimmt nicht wieder zu tun. Denn zum Abnutzer von Büromöbeln muß man geboren sein, oder man leidet wie ein Hund. Es gibt nun einmal Menschen, für welche die gepriesene Morgenstunde weder Gold noch Silber im Munde hat. Man kann von ihnen fordern, daß sie hundert Stunden am Tage arbeiten statt acht – wenn man sie nur morgens im Bett läßt. Und sie schuften tausendmal lieber zu Hause, statt hinterm Schalter mit dem Butterbrotpapier zu rascheln. Wie oft paßte mich der Herr Verlagsdirektor ab, wenn ich, statt um neun, gegen elf anrollte! Mit welch bitterem Genuß zog er die goldene Repetieruhr aus der Westentasche, obwohl ja die Korridoruhr groß genug war! Wie vitriolsüß war seine Stimme, wenn er, nach einem kurzen Blick auf die Taschenuhr, sagte: »Mahlzeit, Herr Kästner!« Der Mann wußte genau, daß ich länger, schneller und gewissenhafter arbeitete als andere. Trotzdem verbreitete er die Ansicht, daß ich faul sei. Ihm lag nichts an den drei Stunden, die ich abends länger im Büro saß; und an den Nachtstunden, in denen ich für sein Blatt Artikel schrieb, lag ihm schon gar nichts. Er wollte nur eins von mir: Pünktlichkeit! Er war unerbittlich wie ein Liebhaber, der seiner innig geliebten blauäugigen Blondine einen einzigen Vorwurf macht: daß sie keine Brünette mit Haselnußaugen ist! Es war kein Vergnügen. Für mich nicht. Und für ihn auch nicht. Aber er hatte doch wenigstens einen schwachen Trost: er war im Recht!

Dieser meiner prähistorischen Büroschemelepoche entsann ich mich also, als mir vor einem Jahr würdig aussehende Männer eine Feuilletonredaktion antrugen. Und an noch etwas anderes dachte ich. Daran, daß ich zwölf Jahre lang auf den Tag gewartet hatte, an dem man zu mir sagen würde: »So, nun dürfen Sie wieder schreiben!« Stoff für zwei Romane und drei Theaterstücke lag in den Schubfächern meines Gehirns bereit. Zugeschnitten und mit allen Zutaten. Der bewußte Tag war da. Ich konnte mich aufs Land setzen. Zwischen Malven und Federnelken. Wenn ich auch recht gerupft und abgebrannt aus der großen Zeit herausgekommen war. Papier und Bleistift hatte ich noch und, was die Hauptsache war, meinen Kopf! Herz, was willst du mehr? Jetzt konnte ich, wenn ich nur wollte, mit Verlegervorschüssen wattiert durch die Wälder schreiten, sinnend an Grashalmen kauen, die blauen Fernen bewundern, nachts dichten, bis der Bleistift glühte, und morgens so lange schlafen, wie ich wollte. Was tat ich statt dessen? Die würdig aussehenden Männer sahen mich fragend an, und ich Hornochse sagte kurz entschlossen: »Ja.« Wer, wenn er bis hierher gelesen hat, bei sich denkt: »Herrje, ist der Kerl eingebildet!« hat mich nicht richtig verstanden. Ich habe die Geschichte eigentlich aus einem anderen Grunde erzählt. Ich wollte darlegen, daß mich meine Neigung dazu trieb, Bücher zu schreiben und im übrigen den lieben Gott einen verhältnismäßig frommen Mann sein zu lassen. Und daß ich das genaue Gegenteil tat, daß ich nun in einem fort im Büro sitze, am laufenden Band Besuche empfange, redigiere, konferiere, kritisiere, telefoniere, depeschiere, diktiere, rezensiere und schimpfiere. Daß ich seitdem, abgesehen vom täglichen Kram, noch nicht eine Zeile geschrieben habe. Daß ich, zum Überfluß, ein literarisches Kabarett gründen half und für den dortigen »Sofortbedarf« Chansons, Lieder und Couplets fabriziere. Daß ich mein Privatleben eingemottet habe, nur noch schlückchenweise schlafe und an manchen Tagen aussehe, als sei ich ein naher Verwandter des Tods von Basel.

Warum rackere ich mich ab, statt, die feingliedrigen Händchen auf dem Rücken verschlungen, »im Walde so für mich hin« zu gehen? Weil es nötig ist, daß jemand den täglichen Kram erledigt, und weil es viel zu wenig Leute gibt, die es wollen und können. Davon, daß jetzt die Dichter dicke Kriegsromane schreiben, haben wir nichts. Die Bücher werden in zwei Jahren, falls dann Papier vorhanden ist, gedruckt und gelesen werden, und bis dahin – ach du lieber Himmel! – bis dahin kann der Globus samt Europa, in dessen Mitte bekanntlich Deutschland liegt, längst zerplatzt und zu Haschee geworden sein. Wer jetzt beiseite steht, statt zuzupacken, hat offensichtlich stärkere Nerven als ich. Wer jetzt an seine Gesammelten Werke denkt statt ans tägliche Pensum, soll es mit seinem Gewissen ausmachen. Wer jetzt Luftschlösser baut, statt Schutt wegzuräumen, gehört vom Schicksal übers Knie gelegt.

Das gilt übrigens nicht nur für die Schriftsteller.

Oktober 1946, ›Neue Zeitung‹. Das hier vorgetragene Projekt wurde von vielen Seiten lebhaft begrüßt. Aus allen Teilen Deutschlands stellten sich Menschen zur Verfügung. An vielen Orten wurden Kinder- und Jugendbühnen gegründet. Der Versuch hingegen, den Plan als Ganzes voranzutreiben und zunächst in München das Modell, den Idealfall, zu schaffen, scheiterte vorläufig. Leere Versprechungen gewinnen nicht dadurch an Bedeutung, daß sie von wichtigen Behörden gemacht werden. Aber die Sache ist noch nicht aufgegeben.

Die Klassiker stehen Pate
Ein Projekt zur Errichtung ständiger Kindertheater

Nun ist es soweit. Ich bin unter die Projektemacher gegangen. Ich möchte der staunenden Mitwelt einen Plan unterbreiten. Noch dazu einen Plan, der mit Geld, Organisation, Prozenten und ähnlich profanem Zeug zu tun hat. Ich weiß, daß Schriftsteller davon die Finger lassen sollten. Doch man kann sich nicht immer nach dem richten, was man weiß.

1. Vom Sinn ständiger Kindertheater

In unseren Theatern werden gelegentlich, besonders gern gegen Weihnachten, Märchen für Kinder gespielt. Das ist schön, aber das meine ich nicht. Es gibt neuerdings in einigen Städten sogenannte »Theater der Jugend«, in denen während der gesamten Spielzeit Stücke für Jugendliche aufgeführt werden. Das ist noch viel, viel schöner. Aber das meine ich auch nicht.
Sondern ich meine folgendes: In jeder größeren

deutschen Stadt müßte es in absehbarer Zeit ein »Ständiges Kindertheater« geben. Ein Gebäude, wo während des ganzen Jahres Kinder für Kinder Theater spielen. Ein Gebäude, das allen Kindern der jeweiligen Stadt gehört. Die Leitung läge in den Händen ausgezeichneter, pädagogisch veranlagter Künstler, und in den Stücken müßten, soweit erforderlich, erwachsene Schauspieler mitwirken. Eltern und andere Nichtkinder dürften die Aufführungen natürlich besuchen. Sie dürften auch, im Gegensatz zu den Kindern, Eintritt bezahlen. Davon abgesehen, dürften sie in diesem Theater nichts. Es gehörte, wie gesagt, den Kindern. Sie würden spielen, zuschauen und sich in diesen grundverschiedenen Beschäftigungen abwechseln. Sie hülfen beim Entwerfen und Malen der Bühnenbilder mit. Sie würden kritisieren und debattieren. Sie würden musizieren und Kinderopern spielen. Sie würden in Nebenräumen ihre selbstgemalten Bilder ausstellen. Sie würden sich selber gelegentlich kleine Stücke und Festspiele schreiben. Sie könnten in ihrem Theater alles tun, was mit »Kind und Kunst« zusammenhängt; und ein paar sehr geeignete, sehr gut bezahlte Fachleute hätten als gute Engel über den Wassern zu schweben. Alles, was hier spielend vor sich ginge, ließe sich am ehesten mit dem Schlagwort »musische Erziehung« bezeichnen. Schlagworte sind etwas Schreckliches.

Die musische Erziehung hingegen ist etwas Großartiges. Es hat Sinn, das Militaristische im Kind auszumerzen, weil der moderne Krieg lasterhaft und wahnwitzig ist. Aber es wäre sinnlos, das Kind gegen den Militarismus zu erziehen. Man kann nicht gegen, sondern nur für etwas erziehen! Und die musische Erziehung hat wahrhaftig positive Ziele genug. Die ästhetische Heranbildung träte der Bildung des Körpers im Sport und des Verstandes in der Schule legitim an die

Seite. Zum sittigenden Einfluß käme – sekundär, doch nicht zu unterschätzen – die Rückwirkung des Kindertheaters auf das Theater überhaupt. Eine im Spiel musisch erzogene Generation beschritte, älter werdend, unzweifelhaft den Weg zu einem höheren Niveau des Theaters, der Literatur und der Kunst überhaupt. Schauspielerische, bildnerische, schriftstellerische, musikalische und kritische Talente könnten rechtzeitig erkannt und gefördert werden. Und das Urteil und der Geschmack auch aller übrigen höben sich außerordentlich.

2. Der Plan der Finanzierung

Auch wer meiner Erörterung mit Anteilnahme und Kopfnicken gefolgt sein sollte, wird nunmehr fragen: »Ganz hübsch soweit, – aber wer bezahlt den Spaß?« An dieser Stelle des Gedankengangs komme ich nun mit meinem Projekt um die Ecke gebraust und rufe: »Die toten Dramatiker der ganzen Welt!«
  Es gibt, mehr oder weniger bekanntlich, eine »Schutzfrist«. Die Theater sind gesetzlich verpflichtet, für Stücke, deren Verfasser höchstens 50 Jahre tot sind, Tantiemen zu zahlen. Also, solange der Autor lebt, erhält er durchschnittlich zehn Prozent der Bruttoeinnahmen; und äußerstens ein halbes Jahrhundert lang nach seinem Hinscheiden erfreuen sich seine Leibeserben und deren Erben der manchmal tröpfelnden, zuweilen rauschenden Einkünfte. Nach dieser »Schutzfrist« ist es aus und vorbei. Die Tantiemenzahlung hört ruckartig auf. Und manche Theaterdirektoren beginnen sich die Hände zu reiben.
  Ich gestehe offen, daß mich die Angelegenheit, obwohl ich noch längst nicht 50 Jahre tot bin, schon immer geärgert hat. Sie ist sinnwidrig. Ein Bild von Rem-

brandt kriegt man, bloß weil der Maler seit Jahrhunderten verblichen ist, auch nicht geschenkt, im Gegenteil! Der Vergleich stimmt nicht ganz, ich weiß. Trotzdem finde ich, daß es gerecht und nützlich wäre, wenn die Theater auch für Stücke, deren Autoren 51 oder 2000 Jahre tot sind, eine Aufführungssteuer entrichteten. Sagen wir einmal, fünf Prozent der jeweiligen »Abendkasse«. Das Geld würde beispielsweise von der Bühnengenossenschaft eingenommen und dem Fond »Ständige Kindertheater« zugeführt werden ...

Glaubt noch jemand unter den Lesern, daß, wenn es so würde, die Frage, wie man Kindertheater finanziert, nach wie vor unlösbar wäre? Ich versuche mir auszumalen, wie die Meldung über das Inkrafttreten einer solchen Abgabe im Pantheon der Dramatiker aufgenommen würde! Da säßen sie lächelnd beisammen, Sophokles, Euripides, Shakespeare, Corneille, Schiller, Lope de Vega, Tolstoi, Molière, Raimund, Kleist, Terenz, Goethe, Grillparzer, Racine und viele, viele andere ... Sogar Hebbel würde lächeln ... Und Aristophanes würde, natürlich auf griechisch, sagen: »Solch eine Steuer gefällt mir. Sie macht uns zu Paten der Kinder!« ... Und Scribe meinte vielleicht: »Daß ich den deutschen Kindern noch einmal so viel Spaß machen würde, hätte ich nie für möglich gehalten ...« Und Sundermann liefe am Ende ärgerlich herum, weil er noch nicht im »Patenalter« ist und das Geld immer noch an Rolf Lauckner geschickt wird ...

3. Vorteile und Weiterungen

Es hat, dezent ausgedrückt, dann und wann Theaterdirektoren gegeben, die eine gewisse Vorliebe für klassische Stücke deshalb besaßen, weil diese Werke »tantiemenfrei« waren. Zehn Prozent haben oder nicht haben, ist ein Unterschied. Und zwar ein Unterschied von zehn Prozent. Aus dem entsprechenden Grunde fanden manche Direktoren – es waren wohl meist dieselben – an den Dramen lebender, wohl gar junger Autoren sehr wenig Gefallen. Das Risiko, ein vom Erfolg noch nicht geküßtes Stück zu bringen, gepaart mit der Notwendigkeit, dafür noch Prozente zu zahlen, überstieg ihre seelische Klimafestigkeit.

Vielleicht käme, infolge der Neuerung, hin und wieder einmal ein junger Autor zu Worte, der sonst nicht »riskiert« würde? Auch das wäre den Klassikern im Pantheon nicht unlieb.

Da ich gerade dabei bin, mir den Unwillen der Theaterdirektoren zuzuziehen, halte ich es für das beste, auch gleich den Verlegern auf die Zehen zu treten, jedenfalls den »sogenannten« Verlegern, – es ist *ein* Aufwaschen. Die »Schutzfrist« gilt nämlich auch für Druckwerke, lieber Leser. Und es kamen früher und kommen auch heute manchmal Bücher auf den Markt, bei denen man merkt, warum es sich dabei um Klassikerausgaben, Anthologien alter Liebeslyrik und Novellensammlungen aus der Romantik handelt. Auch hier wäre eine Steuer, eine Abgabe im Dienste der Kinder, nicht ganz verfehlt. Kinderbüchereien, Jugendbibliotheken, Studienbeihilfen, Stipendien für junge »schwerverkäufliche« Talente – es gäbe Möglichkeiten genug, die Erträge für die künftigen Generationen und für deren kulturelle Entwicklung nützlich anzuwenden.

Doch dieser kurze Hinweis auf das Verlagswesen ist ein großer Schritt von dem für heute und hier vorgesehenen Wege. Ich begebe mich wieder auf meinen Weg und lege das letzte Stück rasch zurück. Das Projekt bedürfte, wollte man ihm ernstlich näherzutreten, sorgfältigster Überlegungen. Menschen, die Fachleute und

Idealisten in einem wären, müßten sich zusammensetzen und zusammentun. Einigen Kennern, auch solche aus den Vereinigten Staaten waren darunter, habe ich den Plan skizziert. Sie finden die Sache sehr überlegenswert.

Winter 1946, ›Schaubude‹

Le dernier cri

Als Prospekt vielleicht: Eine Straßenzeile mit halbvernagelten, kläglich ausgestatteten Schaufenstern.
Von links: die Solistin, von rechts: etwa vier Frauen, die sich in einigem Abstand hinter ihr aufstellen. Alle sind ärmlich angezogen. Der Grundton des Vortrages: Trotzig, verbissen, dabei, quasi, ungeweinte Tränen en gros, die im Verborgenen blühn.

1.

Wir schleppten Kisten. Wir waren Chauffeure.
Wir standen auf Dächern und schmissen mit Sand.
Wir drehten Läufe für eure Gewehre.
Uns nahm in den Kellern der Tod bei der Hand.

Chor: »Ach, wie bald, ach, wie bald
 schwindet Schönheit und Gestalt.«

Es rauschten vom Himmel die singenden Minen.
Wir waren zu müde zur Angst, mein Schatz.
Dann standen wir wieder an den Maschinen.
Wir waren ein williger,
ausnehmend billiger
Männer-Ersatz.

Warum mußten unsre sanften Hände rauh sein?
Warum mußte unser Haar so zeitig grau sein?
Und genau so grau das Gesicht?
Eine Frau will doch endlich eine Frau sein!
Eine Frau will doch endlich eine Frau sein!
Versteht ihr das denn nicht?
Versteht ihr das denn nicht?

Chor: »Ach, wie bald, ach, wie bald
  schwindet Schönheit und Gestalt.«

Versteht ihr das denn nicht?

2.

Wir haben Sehnsucht nach Glück und nach Seide.
Der Krieg ist vorbei und noch immer nicht aus.
Die Tränen, die sind unser letztes Geschmeide.
Der Hunger schiebt Wache vor unserem Haus.

Chor: »Ach, wie bald, ach, wie bald
  schwindet Schönheit und Gestalt.«

Das Elend als Hemd, und als Mantel die Reue,
die Armut als Hut, und Verzweiflung als Kleid!
Da stehen wir nun und tragen die neue,
die fleckige, scheckige,
speckige, dreckige
Mode der Zeit!

Wird der Himmel über uns denn nie mehr blau sein?
Wird das Leben, unser Leben, immer grau sein?
Und ein einziges Jüngstes Gericht?
Eine Frau will doch endlich eine Frau sein!
Eine Frau will doch endlich eine Frau sein!
Versteht ihr das denn nicht?
Versteht ihr das denn nicht?

Chor: »Ach, wie bald, ach, wie bald
      schwindet Schönheit und Gestalt.«

Versteht ihr uns denn nicht?

November 1946, ›Neue Zeitung‹. Mein erstes
Wiedersehen mit den Eltern und mit der Vaterstadt nach deren Zerstörung.

... und dann fuhr ich nach Dresden

Während Dresden in den Abendstunden des 13. Februars 1945 zerstört wurde, saß ich in einem Berliner Luftschutzkeller, blickte auf die abgegriffene Blaupause einer Planquadratkarte von Deutschland, hörte den Mikrophonhelden des »Gefechtsstands Berlin« von feindlichen Bomberströmen reden und begriff, mittels der von ihm heruntergebeteten Planziffern, daß meine Vaterstadt soeben zugrunde ging. In einem Keller jener Stadt saßen meine Eltern ...
 Am nächsten Morgen hetzte ich zum Bahnhof. Nein, es herrsche Reisesperre. Ohne die Befürwortung einer amtlichen Stelle dürfe niemand die Reichshauptstadt verlassen. Ich müsse mich an meine Berufsorganisation wenden. Ich sei aber in keiner Organisation, sagte ich. In keiner Fachschaft, in keiner Kammer, nirgends. Warum denn nicht? Weil ich ein verbotener Schriftsteller sei! Ja, dann freilich, dann bekäme ich auch nirgendwo eine Reiseerlaubnis und am Schalter keine Fahrkarte nach Dresden. Und meine Eltern? fragte ich, – vielleicht seien sie tot, vielleicht verwundet, sicher obdachlos, zwei alte einsame Leute! Man zuckte die Achseln. Der Nächste, bitte. Halten Sie uns nicht unnötig auf.
 Es war nicht einmal böser Wille. Es war die Bürokratie, die mir den Weg versperrte und an der ich nicht vorbeikonnte. Die Bürokratie, dieser wasserköpfige, apokalyptische Wechselbalg der Neuzeit. Ich war ge-

fangen. Das Gefängnis hieß Berlin. Ich wartete. Die Gerüchte überschlugen sich. Ich biß die Zähne zusammen. Am zehnten Tage nach dem Angriff fiel eine Postkarte in den Briefkasten. Eine dreckige, zerknitterte Karte mit ein paar zittrigen Zeilen. Die Eltern lebten. Die Wohnung war nur leicht beschädigt. Die Karte kam an meinem Geburtstag ...

In diesen Septembertagen war ich, seit Weihnachten 1944, zum ersten Male wieder daheim. Ich käme am Sonnabend, schrieb ich, wisse nicht genau, wann, und bäte sie deshalb, zu Hause auf mich zu warten. Als ich schließlich gegen Abend klingelte, öffnete mir eine freundliche alte Frau. Ich kannte sie nicht. Es war die den Eltern zugewiesene Untermieterin. Ja, die beiden stünden seit dem frühen Morgen am Neustädter Bahnhof. Die Mutter habe sich nicht halten lassen. Wir hätten uns gewiß verfehlt. Sie, die nette alte Frau, habe ihnen gleich und immer wieder geraten ...

Ich sah die Eltern schon von weitem. Sie kamen die Straße, die den Bahndamm entlangführt, so müde daher, so enttäuscht, so klein und gebückt. Der letzte Zug, mit dem ich hätte eintreffen können, war vorüber. Wieder einmal hatten sie umsonst gewartet ... Da begann ich zu rufen. Zu winken. Zu rennen. Und plötzlich, nach einer Sekunde fast tödlichen Erstarrens, begannen auch meine kleinen, müden, gebückten Eltern zu rufen, zu winken und zu rennen.

Es gibt wichtige und unwichtige Dinge im Leben. Die meisten Dinge sind unwichtig. Bis tief ins Herz hinein reichen die für wahr und echt gehaltenen Phrasen. Gerade wir müßten heute wie nie vorher und wie kein anderes Volk die Wahrheit und die Lüge, den Wert und den Unfug unterscheiden können. Die zwei Feuer der Schuld und des Leids sollten alles, was unwesentlich in uns ist, zu Asche verbrannt haben. Dann wäre, was geschah, nicht ohne Sinn gewesen. Wer nichts mehr auf der Welt besitzt, weiß am ehesten, was er wirklich braucht. Wem nichts mehr den Blick verstellt, der blickt weiter als die andern. Bis hinüber zu den Hauptsachen. So ist es. Ist es so?

Das, was man früher unter Dresden verstand, existiert nicht mehr. Man geht hindurch, als liefe man im Traum durch Sodom und Gomorra. Durch den Traum fahren mitunter klingelnde Straßenbahnen. In dieser Steinwüste hat kein Mensch etwas zu suchen, er muß sie höchstens durchqueren. Von einem Ufer des Lebens zum andern. Vom Nürnberger Platz weit hinter dem Hauptbahnhof bis zum Albertplatz in der Neustadt steht kein Haus mehr. Das ist ein Fußmarsch von etwa vierzig Minuten. Rechtwinklig zu dieser Strecke, parallel zur Elbe, dauert die Wüstenwanderung fast das Doppelte. Fünfzehn Quadratkilometer Stadt sind abgemäht und fortgeweht. Wer den Saumpfad entlangläuft, der früher einmal in der ganzen Welt unter dem Namen »Prager Straße« berühmt war, erschrickt vor seinen eigenen Schritten. Kilometerweit kann er um sich blicken. Er sieht Hügel und Täler aus Schutt und Steinen. Eine verstaubte Ziegellandschaft. Gleich vereinzelten, in der Steppe verstreuten Bäumen stechen hier und dort bizarre Hausecken und dünne Kamine in die Luft. Die schmalen Gassen, deren gegenüberliegende Häuser ineinander gestürzt sind, als seien sie sich im Tod in die Arme gesunken, hat man durch Ziegelbarrieren abgesperrt.

Wie von einem Zyklon an Land geschleuderte Wracks riesenhafter Dampfer liegen zerborstene Kirchen umher. Die ausgebrannten Türme der Kreuz- und der Hofkirche, des Rathauses und des Schlosses sehen aus wie gekappte Masten. Der goldene Herkules über dem dürren Stahlgerippe des Rathaushelms erinnert an eine Galionsfigur, die, seltsamerweise und reif zur Legende, den feurigen Taifun, dem Himmel am nächsten, überstand. Die steinernen Wanten und Planken der gestrandeten Kolosse sind im Gluthauch des Orkans wie Blei geschmolzen und gefrittet. Was sonst ganze geologische Zeitalter braucht, nämlich Gestein zu verwandeln – das hat hier eine einzige Nacht zuwege gebracht.

An den Rändern der stundenweiten Wüste beginnen dann jene Stadtgebiete, deren Trümmer noch ein wenig Leben und Atmen erlauben. Hier sieht es aus wie in anderen zerstörten Städten auch. Doch noch in den Villenvierteln am Großen Garten ist jedes, aber auch jedes Haus ausgebrannt. Sogar das Palais und die Kavalierhäuschen mitten im Park mußten sterben. Als Student hatte ich manchmal von Ruhm und Ehre geträumt. Der Bürgermeister war im Traume vor mich hingetreten und hatte dem wackeren Sohne der Stadt so ein kleines, einstöckiges, verwunschenes Barockhäuschen auf Lebenszeiten als Wohnung angeboten. Vom Fenster aus hätte ich dann auf den Teich und die Schwäne geschaut, auf die Eichhörnchen und auf die unvergleichlichen Blumenrabatten. Die Blaumeisen wären zu mir ins Zimmer geflogen, um mit mir zu frühstücken ...

Ach, die Träume der Jugend! Im abgelassenen Teich wuchert das Unkraut. Die Schwäne sind wie die Träume verflogen. Sogar die einsame Bank im stillsten Parkwinkel, auf der man zu zweit saß und zu dem über den Wipfeln schwimmenden Monde hinaufsah, sogar die alte Bank liegt halbverschmort im wilden Gras ...

Ich lief einen Tag lang kreuz und quer durch die Stadt, hinter meinen Erinnerungen her. Die Schule? Ausgebrannt ... Das Seminar mit den grauen Internatsjahren? Eine leere Fassade ... Die Dreikönigskirche, in der ich getauft und konfirmiert wurde? In deren Bäumen die Stare im Herbst, von Übungsflügen erschöpft, wie schrille, schwarze Wolken herabfielen? Der Turm steht wie ein Riesenbleistift im Leeren ... Das Japanische Palais, in dessen Bibliotheksräumen ich als Doktorand büffelte? Zerstört ... Die Frauenkirche, der alte Wunderbau, wo ich manchmal Motetten mitsang? Ein paar klägliche Mauerreste ... Die Oper? Der Europäische Hof? Das Alberttheater? Kreutzkamm mit den duftenden Weihnachtsstollen? Das Hotel Bellevue? Der Zwinger? Das Heimatmuseum? Und die anderen Erinnerungsstätten, die nur mir etwas bedeutet hätten? Vorbei. Vorbei.

Freunde hatten gesagt: »Fahre nicht hin. Du erträgst es nicht.« Ich habe mich genau geprüft. Ich habe den Schmerz kontrolliert. Er wächst nicht mit der Anzahl der Wunden. Er erreicht seine Grenzen früher. Was dann noch an Schmerz hinzukommen will, löst sich nicht mehr in Empfindung auf. Es ist, als fiele das Herz in eine tiefe Ohnmacht.

Die vielen Kasernen sind natürlich stehengeblieben! Die Pionierkaserne, in der das Ersatzbataillon lag. Die andere, wo wir das Reiten lernten und als Achtzehnjährige, zum Gaudium der Ritt- und Wachtmeister, ohne Gäule, auf Schusters Rappen, »zu Einem — rrrechts brecht ab!« traben, galoppieren und durchparieren mußten. Das Linckesche Bad, wo wir, am Elbufer, mit vorsintflutlichen Fünfzehnzentimeterhaubitzen exerzierten. Die Tonhalle, wo uns Sergeant Waurich quälte. Hätte statt dessen nicht die Frauenkirche lebenbleiben können? Oder das Dinglingerhaus am Jüdenhof? Oder das Coselpalais? Oder wenigstens einer der frühen Renaissance-Erker in der Schloßstraße? Nein. Es mußten die Kasernen sein! Eine der schönsten Städte der Welt wurde von einer längst besiegten Horde und ihren gewissenlosen militärischen Lakaien unverteidigt dem modernen Materialkrieg ausgeliefert.

In einer Nacht wurde die Stadt vom Erdboden vertilgt. Nur die Kasernen, Gott sei Dank, die blieben heil!

Was ist in Dresden seit dem Zusammenbruch geschehen? Die Stadt wurde zunächst einmal sauber aufgeräumt. Drei der großen Elbbrücken wurden wieder instandgesetzt. Der Straßenbahnverkehr funktionierte nicht schlechter, sondern eher besser als anderswo. Das Schauspielhaus am Postplatz soll im Januar spielfertig sein. Bei den Aufräumungsarbeiten in dem sechzig Meter hohen Bühnenhaus und beim Reparieren des Dachstuhls halfen die Dresdner Bergsteiger freiwillig mit. Ich bin als Halbwüchsiger mitunter an einigen leichteren Wänden und in etlichen Kaminen der Sächsischen Schweiz herumgeklettert und habe eine entfernte Ahnung davon, was man an den skurrilen Spielzeuggipfeln alles lernen kann. Dachdecken ist das wenigste. Was sonst? Im ehemaligen Heeresmuseum kann man zur Zeit zwei Ausstellungen besuchen. Im Erdgeschoß ›Das neue Dresden‹, wo in vielen Räumen die Ergebnisse eines Ideenwettbewerbs gezeigt werden, an dem sich jeder beteiligen konnte. Und in der ersten Etage die ›Allgemeine Deutsche Kunstausstellung‹, die den ersten größeren Überblick über die deutsche Kunst von heute vermittelt. Dresden hat eine alte Ausstellungstradition. Das merkt man in beiden Fällen. Sonst noch? Es gibt, hat man mir gesagt, keine Arbeitslosigkeit. Die leitenden Männer waren vor einem Jahr Neulinge. Man sieht ihnen den Eifer und das Zielbewußtsein an der Nasenspitze an. Nun, ich war nicht als Reporter dort. Ich sprach mit alten und neuen Bekannten als Dresdner mit Dresdnern.

Ich weiß, wie dilettantisch das ist. Ich weiß, daß man die Fühlungnahme mit Andersgesinnten nicht suchen soll, weil sonst womöglich die menschliche Wertschätzung den Unfrieden stören könnte. Ich weiß: die Köpfe sind, kaum daß sie wieder einigermaßen festsitzen, dazu da, daß man sie sich gegenseitig abreißt. Ich weiß, daß es nicht auf das ankommt, was alle gemeinsam brauchen und wünschen, sondern darauf, was uns voneinander trennt. Ich weiß auch, wie vorteilhaft sich solche Zwietracht auf die Stimmung zwischen den Vier Mächten auswirken muß.

Ich weiß freilich auch, daß mein Spott ziemlich billig ist. Doch von einem Menschen, der nichts von Parteipolitik versteht, kann man nichts anderes erwarten. Trotzdem und allen Ernstes, – ich glaube, daß es hülfe, wenn wir einander kennen und verstehen lernten. Das hat bereits sein Gutes, wenn vier entfernte Verwandte ein ruiniertes Bauerngut erben. Und kein Mensch wird mir einreden können, daß das zwischen vier Parteien und bei unserem höchsten Gut, der Heimat, anders zu sein hätte. Ist es so? So ist es.

Winter 1946, ›Schaubude‹

Das Spielzeuglied

Antimilitaristischer Prospekt. Also Schaukelpferde, Papierhelme usw.
Davor eine junge einfache Frau.

1.

Wer seinem Kind ein Spielzeug schenkt,
weiß vorher, was passiert:
Das Spielzeug ist, bevor man's denkt,
zerlegt und ruiniert.
Der Knabe haut und boxt und schlägt
begeistert darauf ein.
Und wenn's auch sehr viel Mühe macht:
Am Ende, am Ende,
am Ende kriegt er's klein.

Wenn das erledigt wurde, dann
beginnt der zweite Teil:
Der Knabe starrt das Spielzeug an
und wünscht sich's wieder heil!
Jedoch, – was man zerbrochen hat,
bleibt läng're Zeit entzwei.

Da hilft kein Wunsch und kein Gebet.
Es hilft auch kein Geschrei.
Die Kleinen brüllen wie am Spieß
und strampeln wie noch nie.
Das Beste wär: Wir legten sie
mal gründlich, mal gründlich,
mal gründlich übers Knie.

Es ist nur so: wir *lieben* sie.
Ihr Schmerz ist unser Schmerz.
Wir legen sie nicht übers Knie.
Wir drücken sie ans Herz.

Wir summen ›Hoppe Reiter‹,
auf daß ihr Leid verweht.
Ach, wär'n wir doch gescheiter!
Das geht nicht, das geht nicht,
das geht nicht mehr so weiter,
wenn das so weitergeht!

2.

Es steckt ein Kind in jedem Mann.
Ein Spielzeug ist sein Ziel.
Nur, was dabei zustande kommt,
das ist kein Kinderspiel.
Das Glück der Welt ist zart wie Glas
und gar nicht sehr gesund.
Doch wenn die Welt aus Eisen wär', –
die Männer, die Männer,
sie richten sie zugrund!

Wenn das erledigt wurde, dann
beginnt der zweite Teil:
Die Manneswelt starrt ihr Spielzeug an
und wünscht sich's wieder heil!
Jedoch, – was man zerbrochen hat,
bleibt läng're Zeit entzwei.
Da hilft kein Wunsch und kein Gebet.
Da hilft auch kein Geschrei.
Und keiner will's gewesen sein,
nicht du, nicht der, nicht die!
Das Beste wär: Wir legten sie
mal gründlich, mal gründlich,
mal gründlich übers Knie.

Es ist nur so: wir *lieben* sie.
Ihr Schmerz ist unser Schmerz.
Wir legen sie nicht übers Knie.
Wir drücken sie ans Herz.

Sie werden nicht gescheiter,
solang ein Rest noch steht ...
Diesmal war's ein Gefreiter ...
Das geht nicht, das geht nicht,
das geht nicht mehr so weiter,
wenn das so weitergeht!

Januar 1947, ›Pinguin‹. Der Schwarzhandel blühte immer üppiger. Ehrliche Arbeit lohnte immer weniger. Das Wort »auswandern« wurde zum epidemischen Verbum. Um durch Diskussion ein wenig Klarheit und Überblick zu schaffen, eröffnete ich mit dem folgenden Beitrag eine Umfrage. Meine etwas pastorale Haltung wurde mir in den Kreisen der schaffenden und unbeirrten Jugend sehr verübelt.

Über das Auswandern

Am selben Tage, an dem, vor nun fast vierzehn Jahren, in Berlin das Reichstagsgebäude brannte, traf ich, aus Meran kommend, in Zürich ein, wohin mir ein deutscher Verleger entgegengereist war. Er gab mir den Rat, in der Schweiz zu bleiben; und einige Kollegen, die bereits emigriert waren, Anna Seghers befand sich unter ihnen, teilten seine Meinung. Die deutschen Zeitungsagenturen meldeten, die Kommunisten hätten den Reichstag angezündet. Uns allen war klar, daß es sich im Gegenteil um ein Manöver Hitlers handelte, hinter dem sich nichts weiter verbergen konnte als die Absicht, geplante innenpolitische Gewaltmaßnahmen mit dem Schein des Rechts in Gegenmaßnahmen umzufälschen. Er fingierte diesen Angriff seiner politischen Feinde, um ihre Vernichtung als bloße Selbstverteidigung hinzustellen. Daß ich trotzdem nach Berlin zurückkehren wollte, führte in dem kleinen Züricher Café zu lebhaften Auseinandersetzungen. Kurz bevor mein Zug aus Zürich abfuhr, kam am Nebengleis ein Schnellzug aus Deutschland an. Dutzende von Bekannten und Kollegen stiegen aus. Sie waren über Nacht geflohen. Der Reichstagsbrand war das Signal gewesen, das sie nicht übersehen hatten. Als sie mich und meine Absicht erkannten, verstärkten sie den warnenden Chor der Freunde. Ich aber fuhr nach Berlin zurück und bemühte mich in den folgenden Tagen und Wochen, weitere Gesinnungsgenossen von der Flucht ins Ausland abzuhalten. Ich beschwor sie zu bleiben. Es sei unsere Pflicht und Schuldigkeit, sagte ich, auf unsere Weise dem Regime die Stirn zu bieten. Der Sieg dieses Regimes und die schrecklichen Folgen eines solchen Sieges seien, sagte ich, natürlich nicht aufzuhalten, wenn die geistigen Vertreter der Fronde allesamt auf und davon gingen. Sie hörten nicht auf mich. Hätten sie auf mich gehört, dann wären sie heute wahrscheinlich alle tot. Dann stünden sie, auch sie in den Listen der Opfer des Faschismus. Mir wird, so oft ich daran denke, heiß und kalt. Wenn es mir damals gelungen wäre, auch nur einen einzigen zu überreden, den man dann gequält und totgeschlagen hätte? Ich trüge dafür die Schuld ...

Warum ich das erzähle? Um anzudeuten, weshalb ich mir nicht mehr anmaße, anderen Menschen, und wären's die nächsten Freunde, in wichtige Entscheidungen hineinzureden. Von einem einzigen Menschen habe ich das Recht, Ideen zuliebe Opfer zu verlangen: von mir selbst. Ich weiß, daß das ein etwas kläglicher, mediokrer Standpunkt ist. Er hat nur einen Vorrang: den der Ehrlichkeit. Generäle, Parteiredner und Sektengründer haben stärkere Nerven als ich, eine dickere Haut und vielleicht etwas weniger Phantasie. Sie verspielen, wenn's denn sein muß, auch fremde Einsätze, ohne mit der Wimper zu zucken. Ich könnte es nicht.

Damit ergibt sich meine Stellungnahme zu einer Frage, die im heutigen Deutschland zahllose Menschen, und gerade junge Leute, außerordentlich bewegt. Die Frage, ob sie eines Tages, falls sich die Gelegenheit dazu je böte, versuchen sollten auszuwandern. Im sechsten Heft der Münchner Zeitschrift ›Der Ruf‹ hieß es: »Dies ist der Sachverhalt: die große Masse der deutschen Jugend trägt sich mit der festen Absicht, Deutschland zu verlassen, sobald sich nur die geringste Möglichkeit bieten sollte.« Und: »Unter etwa sechzig bis achtzig befragten jungen Menschen haben wir keinen gefunden, der uns nicht die Heimat seiner Zukunft schon mit dem Finger auf der Landkarte zeigen konnte.« Ist der Wunsch, das gesunkene Schiff zu verlassen, wirklich so allgemein verbreitet? Ich hoffe, daß der Autor übertreibt. Ich fürchte, daß er recht hat. »Schon die Absicht allein«, schreibt er, »beweist, daß diese Jugend die Lust verloren hat, am Leben Deutschlands teilzunehmen.« Die Lust verloren? Das klingt niederschmetternd. Es klingt, als ob jemand sagte: »Meine Eltern haben ihr Vermögen verloren, ich such mir morgen ein Paar neue!« Früher hätte ich eine solche Gesinnung mit den mir zu Gebote stehenden schriftstellerischen Mitteln bis aufs äußerste bekämpft. Heute? Heute zucke ich die Achseln und blicke aus dem Fenster. Wenn die jungen Leute erklären: »Wir wollen fort aus diesem zertrümmerten und mit Menschen bis zum Hals vollgestopften Land, um unser Glück woanders zu versuchen«, so habe ich kein Recht, mich ihnen in den Weg zu stellen. 1933 forderte ich andere auf, ihr Leben aufs Spiel zu setzen. Heute bringe ich's nicht einmal über mich, sie aufzufordern, daß sie ihr materielles Glück riskieren. Auch das ist nicht meine, sondern ihre Sache.

Etwas ganz andres ist das Interesse, das ich an der Frage nehme. Denn die Frage und die Antworten darauf sind für die Zukunft unserer Heimat außerordentlich bedeutsam. Auch jetzt schon, wo an Möglichkeiten zur Auswanderung noch gar nicht zu denken ist.

Januar 1947, ›Neue Zeitung‹. Die Zahl der qualifizierten oder immerhin erfahrenen Theaterkritiker hatte eher ab- als zugenommen. Weil die Zeitungen nicht Abhilfe schafften, griffen die Theater hier und dort zur Notwehr. Daß sich häufig nicht sonderlich qualifizierte Theaterleute zur Wehr setzten, gerade diese, und mit recht ungeistigen Waffen, komplizierte die Situation. Unter den Zuschriften, die ich erhielt, waren solche, die meine Ironie für bare Münze nahmen. Dabei ist allerdings zu bedenken, daß die ›Neue Zeitung‹ damals anderthalb Millionen Leser hatte.

Erste Hilfe gegen Kritiker
Methodologische Betrachtungen

Die Menschheit zerfällt nach Linné in gute und böse Menschen. Die bösen Menschen zerfallen ihrerseits in die Gelegenheitsbösewichte und in solche, die von Jugend auf böse sind. Und auch diese, die gebürtigen Bösewichte oder Professionals, zerfallen in zwei Teile: in die Verbrecher mit Volksschulbildung und in die Kritiker. Das ist bekannt. Das weiß heute jedes bessere Kind. Bezeichnenderweise findet man in Deutschland für letztere keinen eigenen Namen, sondern nennt sie fremdzüngig Rezensenten, Referenten, ganz allgemein Intellektuelle oder, wie schon gesagt, Kritiker. Die übelste Kategorie sind die Theaterkritiker. Ihr Gewerbe besteht darin, daß sie mit der bitterbösen Absicht ins Theater gehen, sich dort zu ärgern oder, sollte das mißlingen, zu langweilen. Und daß sie mehrere Tage später mit Hilfe gehässiger Zeitungsartikel die breite Öffentlichkeit über die Art und den Grad der gehabten Unlustgefühle aufs geschwätzigste unterrichten. Da schreiben sie dann etwa: »Das Stück war miserabel.

Leider sprach Frau Schmidt-Müller den einzigen Satz in der Exposition, der mich interessiert hätte, so undeutlich, daß sie mir damit einen schlaflosen ersten Akt bereitete.« Für derlei hämische Auslassungen werden die Kritiker auch noch fürstlich bezahlt, und so ist es weiter kein Wunder, wenn sie jede Gelegenheit zu übler Nachrede rücksichtslos wahrnehmen. Goethe, der so vieles Treffende geäußert hat, verdanken wir den tiefen Satz: »Schlagt ihn tot, er ist ein Rezensent!« Leider wissen wir zur Genüge, wie wenig das deutsche Volk auf seine Dichter zu hören pflegt.

Immerhin, einmal im Lauf unserer Geschichte, es ist noch gar nicht lange her, wurde das Wort des Weisen aus Weimar beherzigt. Es war eine unvergleichliche, eine unvergeßliche Zeit, und sie hatte nur einen Fehler: sie ging vorbei. Damals nahm sich der Staat der Künste an und trug den Kritikern auf, die deutschen Meister zu ehren, und mit diesen die Gesellen, die Lehrlinge und Anlernlinge. Väterlich verwies er zuerst den Rezensenten ihr zersetzendes Gehabe. Später gab er ihnen den dienstlichen Befehl, alles Dargebotene zu bewundern, zu besingen und zu bepreisen. Und siehe da, es klappte! Die Kritiken waren glänzend, die Stücke waren glänzend, die Aufführungen waren glänzend, und die Laune der Theaterdirektoren, der Sänger, Schauspieler, Dirigenten, Flötisten und Logenschließer war glänzend. Kein Mißton konnte aufkommen. Die Künstler sahen die Kritiker, von denen sie nun unermüdlich mit Blümchen bestreut und mit Schlagsahne begossen wurden, zufrieden an und sagten: »Na also, warum denn nicht gleich?«

Gewiß, es gab Rückfälle. Es kam vor, daß eine der Intellektbestien nicht parieren wollte. Doch gegen solch atavistische Anfälle wußten die Dresseure Mittel. Wer nicht richtig lobpreisen wollte, wer da glaubte, er könne die Zunge herausstrecken oder die Zähne zeigen, wurde auf die Straße gesetzt. Später wurde das Verfahren insofern vervollkommnet, als man die unartigen Rezensenten nicht mehr verbot, sondern zur Strafe ins soldatische Ehrenkleid steckte und an eine der zahlreichen Fronten schickte. Dort konnten sie dann für den mitunter nur noch kurzen Rest des Lebens über ihre Niedertracht nachdenken. Man sieht, wie genau man dem Rat unseres großen Goethe zu gehorsamen suchte. Doch derartige Maßnahmen und Anläße blieben selten. Im allgemeinen konnte das treffliche Wort August Kopischs, eines anderen bedeutenden deutschen Dichters, gelten, an das man heute mit Wehmut zurückzudenken geneigt ist, an den Vers:

»Ach wie war es doch vordem
Mit Kunstbetrachtern so bequem!«

Hier muß eines Phänomens kurz gedacht werden, das ins Gebiet der kulturellen Pathologie gehört. Es gab nicht nur unter den Rezensenten Leute, denen das Fehlen der Kritik alter Schule an den Nerven zerrte, sondern auch unter den Künstlern, den Betroffenen a. D., selber! Eine widerwärtige seelische Verirrung, pervertiert, ungesund und faul bis ins Mark, um es dezent und gelassen auszudrücken. Sie sehnten sich nach den alten »Sudelköchen« zurück und nannten deren Nachfolger, müde spöttelnd, Hudelköche! Ein Schauspieler vom Deutschen Theater in Berlin erklärte einmal unter Kopfschütteln: »Ich weiß nicht, woran es liegt. Wir verdienen doch nun soviel Geld wie niemals zuvor. Wir sind das Liebkind der Regierenden. Und trotzdem macht uns das Theaterspielen keinen Spaß mehr...« Ihm und seinesgleichen war das wolkenlose Lob durchaus verdächtig. Er konnte nicht glauben, daß er in jeder Rolle unerreicht, daß jedes der neuen Dramen meisterlich und jede Regie eine Tat sei. Er war das Pendant zum zersetzenden Kritiker, er war der zersetzte Schauspieler. Zum Glück gibt es wenig Künstler, die sich an zu viel und zu fettem Lob den Magen verderben. So blieb alles gut und schön und glänzend und großartig und einmalig. In der Kunst wie in der Politik, in der Wirtschaft wie in der Kriegsführung. Bis ...

Statt nun den von Klios Hand jäh abgerissenen Faden der Geschichte tapfer weiterzuspinnen, sucht man ihn mit dem Althergebrachten zu verknoten. Unter Expressionisten, Parteisekretären, Bodenreformern, Bibelforschern und anderen Gespenstern, die aus der Versenkung aufsteigen, erblickt man auch, horribile dictu, die Zeitungsbösewichte, die Beckmesser der Premieren! Sie wühlen wieder unterm Strich, die Großmaulwürfe der Presse. Und da ist kein Minister weit und breit, der sie erlegte! Kein Reichspressechef, kein Reichsdramaturg und kein Reichsfilmintendant, der sie an der winterlichen Front kaltstellen ließe! Niemand widerspricht ihnen, wenn sie die Priester und Küster der Kunst erniedrigen und beleidigen. Zwölf Jahre Dauerlob, und nun diese Reaktion? Da bleibt nur eines: Selbsthilfe! Wie ein Lauffeuer pflanzt sich von Stadttheater zu Stadttheater der Ruf fort: »Künstler, erwache!« Allenthalben im Lande stehen sie auf, die Dirigenten, Schauspieler und Direktoren, und wehren sich ihrer dünnen Haut! Das wäre ja noch schöner wäre ja das!

Schon beginnen sich am Rundhorizont einige brauchbare Kampfmethoden abzuzeichnen, und es mag für manchen Intendanten, für manchen Kapellmeister und für manchen Regisseur beizeiten wissenswert erscheinen, wie man anderwärts abfälligen Kritiken und silbenstechenden Kritikern begegnet. Die angeführten Beispiele werden zur Nachahmung empfohlen.

1. Man kann es wie in *Konstanz* machen. Der Intendant des Vorjahres nahm ihn kränkende Rezensionen nicht hin, sondern erwiderte darauf im Programmheft der Bodenseebühnen. Außerdem veröffentlichte er Zuschriften aus dem Leserkreis. Als er einen Brief abdrucken konnte, worin jemand Stein und Bein schwor, daß eine besonders herb beurteilte Inszenierung mindestens so gelungen gewesen sei wie die beste Einstudierung unter Max Reinhardt, gab der Kritiker nach, und ging, seelisch völlig durcheinander, in eines der umliegenden idyllischen Klöster.

2. Man kann es wie in *Zwickau* machen. Dort hatte ein Kritiker die Ouvertüre zu »Figaros Hochzeit« beanstandet. Genauer, nicht so sehr die Ouvertüre selber wie die Zwickauer Auffassung. Daraufhin taten sich die Orchestermitglieder des Stadttheaters zusammen und erklärten einstimmig, daß sie, falls es dem Rezensenten beikäme, das Haus jemals wieder zu betreten, streiken würden. Sie drohten, die Instrumente sofort aus der Hand zu legen. Ausnahmslos und zum eignen Leidwesen. Was aus dem Kritiker geworden ist, weiß man nicht. In Zwickau gibt es keine Klöster.

3. Man kann es wie in *Stuttgart* machen. Dort ging ein Journalist so weit, eine ›Clavigo‹-Inszenierung zu bemängeln. Zunächst wurde der Zeitung mitgeteilt, daß für diesen Mann künftig keine Freikarten mehr zur Verfügung stünden. Als der so empfindlich Gemaßregelte lautwerden ließ, daß er sich die Billetts von nun an käuflich erwerben wolle, erhielt er ein Hausverbot. Man gab's ihm, um Komplikationen vorzubeugen, schwarz auf weiß. Was aus dem Ärmsten geworden ist, ahnt niemand. Es heißt, daß er sich, den Kammerspielen gegenüber, eingemietet habe und an besonders wichtigen Theaterabenden blaß wie ein Geist an seinem Fenster stehe und die Arme verlan-

gend nach jenem Haus ausstrecke, das er nie, nie wieder betreten darf.

4. Man kann es wie in *Berlin* machen. Dort glaubte sich eine mit Recht gefeierte Schauspielerin von einem jungen Kritiker zu Unrecht verrissen, suchte ihn in seinem Stammlokal auf und verabreichte dem Erstaunten im Garderobenraum, wohin sie ihn rufen ließ, ein paar Ohrfeigen. Obwohl sie selber nachträglich von dieser Methode abgerückt ist – vor allem, weil er ihr, als sie davonrauschte, höflich die Tür aufhielt –, soll man sich nicht beirren lassen: Das Verfahren bleibt zu empfehlen. Es wird viel zu wenig gebackpfeift.

5. Man kann es auch wie in *Hannover* machen. Nachdem ein Musikkritiker geschrieben hatte, Herr Professor Krasselt habe die ›Pastoralsymphonie‹ reichlich »unpastoral« dirigiert, ließ der gekränkte Kapellmeister auf einem den Programmheften beigefügten Zettel mitteilen, daß er in Hannover künftig nicht mehr gastieren werde. Wenn der Rezensent gar geschrieben hätte, unter den Händen des Professors Krasselt sei aus der »Pastoralsymphonie« eine »Professoralsymphonie« geworden, hätte ihn der Magistrat wahrscheinlich auf dem Städtischen Schlachthof einliefern lassen. Da er sich den Witz verkniff, kam er glimpflicher davon. Der Oberbürgermeister hielt in einer Plenarsitzung des Stadtrats eine flammende Rede gegen das Unwesen der zersetzenden Kritik. Und ein paar Tage später wurde der dreiundzwanzigjährige Delinquent für die Dauer einer Woche zur Schuttaktion eingezogen. An diesem Beispiel stimmt besonders hoffnungsfreudig, daß den Künstlern die Stadtväter zu Hilfe eilten. Der Fall wird Schule machen. Wenn's auch noch kein Minister wieder ist, der sich schützend vor die Musen stellt – Stadträte sind auch schon ganz nett. Es ist ein Anfang. Man sieht den guten Willen.

Kein schlechter Gedanke wäre es, die verschiedenen Methoden zügig zu kombinieren. Im Anschluß an eine ablehnende Kritik könnte man dem Burschen zunächst im Programmheft geharnischt antworten. Dann sollte man ihm auf Lebenszeit das Betreten des Theaters verbieten. Anschließend müßte man ihn vom kräftigsten Mitglied des Ensembles ohrfeigen und zu guter Letzt als Hauptschuldigen einem Arbeitslager überweisen lassen. Zugegeben, es wäre immer erst eine halbe Sache. Aber die Demokratie ist ja nun einmal das System der Halbheiten. Und solange man sich bemühen wird, es uns zu oktroyieren, werden die Kritiker versuchen, das wilde, herrliche Blühen unserer Kunst, böse wie sie sind, zu verhindern.

Vor einem möge uns die Zukunft bewahren: vor jenen Intellektuellen, deren Talent ihrer Bosheit gleichkommt! In den zwanziger Jahren unseres Jahrhunderts gab es dergleichen. In Wien schrieb damals einer nach einer Aufführung, die ihn natürlich gelangweilt hatte: »Das Stück begann halb acht. Als ich halb zwölf auf die Uhr sah, war es halb neun.« Gegen so etwas hilft keins der angeführten Mittel. Dagegen hülfe nur der totalitäre Staat.

Frühjahr 1947, ›Schaubude‹

Deutsches Ringelspiel 1947

Einige bezeichnende Figuren unserer Tage kommen nacheinander, an im Kreise bewegte Marionetten erinnernd, ins Rampenlicht. Dort singt jede Figur ihr Lied. Nachdem sie alle an der Reihe waren, enthüllt die auf dem Sockel stehende, im Dämmer der Bühnenmitte bisher nur geahnte allegorische Figur, die Zeit, ihr Gesicht und bringt den Abgesang. Während und so oft die Schauspieler stumm und planetenartig den Weg rund um die »Zeit« zurücklegen, ertönt eine spieluhrartige Musik. Das Licht konzentriert sich während des ganzen Spieles auf die Rampenmitte. Nachdem einige der Figuren den Lichtkegel durchschritten haben, halten sie inne. An der Rampe steht die verschneite Flüchtlingsfrau. Die Spieluhrmusik hat aufgehört.

Das Gebirg steht starr. Die Seen sind aus Eis.
Und es schneit. Und mich friert. Und es schneit ...
Kaum weiß ich noch, wer ich bin, wie ich heiß.
Ihr macht euch in euren Stuben breit.
Und es schneit. Und mich friert. Und es schneit ...

Ich steh euch im Weg, wo ich steh, wo ich bin.
Und es schneit. Und mich friert. Und es schneit ...
Wo kam ich her, wo soll ich hin?
Ihr habt für mich keinen Raum, keine Zeit.
Und es schneit. Und mich friert. Und es schneit ...

Ihr redet viel von Jesus Christ.
Und es schneit. Und mich friert. Und es schneit ...
Ob euer Herz aus Eisen ist?
Der Mensch tut sich nur selber leid.
Und es schneit. Und mich friert. Und es schneit ...

Nach dem Ende des Liedes wird der Rundgang, auch musikalisch, wieder aufgenommen, bis der Geschäftemacher im Lichte der Rampe stehenbleibt. Die Spieluhrmusik hört auf. Der Geschäftemacher ist ein auffällig dicker Mann mit steifem Hut, jovial und gerissen lächelnd.

Ich hab alles das, was keiner mehr hat.
Bei irgendwem muß es ja sein.
Ich spiele das Leben am liebsten vom Blatt.
Da klingt nicht jeder Ton rein.
Bei Nacht und Nebel und tonnenweise
macht Fleisch, macht Mehl seine leise Reise.
Ich mache die Preise!
Ich schiebe, ich schob, ich habe geschoben.
Fett – schwimmt oben!

Ich handle mit Holz, mit Brillanten und Speck,
mit Häusern, mit Nägeln und Sprit.
Ich handle, wenn's sein muß, mit Katzendreck
und verkauf ihn als Fensterkitt.
Ich verschieb die Waggons und dann noch die Gleise.
Ihr rennt wie hungrige Mäuse im Kreise.
Ich mache die Preise!
Es liegt mir nicht, mich lange zu loben.
Fett – schwimmt oben!

Darnach erneut Rundgang mit Spieluhrmusik. Bis zur Figur des heimkehrenden älteren Kriegsgefangenen.

Das ist die Heimkehr dritter Klasse,
ganz ohne Lorbeer und Hurra.
Die Luft ist still. Der Tod macht Kasse.
Du suchst dein Haus. Dein Haus ist nicht mehr da.

Du suchst dein Kind. Man hat's begraben.
Du suchst die Frau. Die Frau ist fort.
Du kommst, und niemand will dich haben.
Du stehst im Nichts. Das Nirgends ist dein Ort.

Du bist dem Tod von der Schippe gesprungen.
Der Abgrund hat dich *nicht* verschlungen,
auch nicht die Große Flut.
Du bist noch da und doch nicht mehr vorhanden.
Jetzt müßte einer schreien:

Stimme von oben: »Stillgestanden!«

Das täte mir gut...

Erneut Rundgang. Bis zur Figur des Frauenzimmers.
Das Lied im Tango-Rhythmus.

Diese Zeit ist meine Zeit,
und meine Zeit verrinnt.
Wie lange noch, dann ist's soweit!
Ich nehme, wen ich find.

Diese Zeit ist meine Zeit,
und Sünde ist ein Wort.
Ich habe keine Zeit zum Leid
und jag die Treue fort.

Diese Zeit ist meine Zeit,
ich kämpf gern Brust an Brust.
Mit Lust und Liebe, süß im Streit,
erstreit ich Lieb und Lust.

Diese Zeit ist meine Zeit.
Ich taug soviel wie sie.
Ich bin der Leib. Sie ist das Kleid.
Diese Zeit ist meine Zeit.
So schön war es noch nie!

Wieder Rundgang mit Spieluhrmusik. Bis zur Figur des Dichters. Er trägt einen Straßenanzug und hält, als Allegorie, eine Leier.

Der letzte Schuß ging längst daneben.
Ihr krocht aus Kellern und aus Gräben.
Das große Sterben war vorbei.
Der Tod war satt, und ihr begannt zu leben
wie einst im Mai.
Ich bin der Dichter, der euch anfleht und beschwört.
Ihr seid das Volk, das nie auf seine Dichter hört.

Die Welt ging diesmal fast zugrunde.
Die Welt ging diesmal beinah' vor die Hunde.
Ihr saht das Zweitjüngste Gericht.
Doch die Bedeutung dieser schwarzumwehten Stunde
fühltet ihr nicht!
Ich bin der Dichter, der euch anfleht und beschwört,
Ihr seid das Volk, das nie auf seine Dichter hört.

Rundgang. Bis die Figur der »armen Jugend«, ein junges Mädchen, stehenbleibt.

Kein Himmel kann es wollen
und auch die Erde nicht,
daß wir zerbrechen sollen,
wie wenn ein Glas zerbricht.

Wär's nicht am End gerechter,
man säh in unser Herz?
Es ist auch nicht viel schlechter
als Herzen anderwärts.

's müßt auch für uns was geben,
Und wär es gleich nicht viel:
Wie sollen wir denn leben
ganz ohne Glück und Ziel?

Seid Menschen, nicht Nationen!
Vergeßt den alten Brauch!
Der Himmel wird's euch lohnen
und wir, die arme Jugend, auch.

Rundgang mit Spieluhrwerk. Bis zur Figur des Parteipolitikers, der ein Wahlplakat mit fingiertem Text umhängen hat.

Während man sich redlich müht,
daß aus den ererbten Trümmern,
frei nach Schiller, Leben blüht,
regen sich, statt mitzuzimmern,
Gruppen, die der Wunsch durchglüht,
was schon schlimm ist, neidlos zu verschlimmern.

Geh nicht in irgendeine Partei,
oder in eine zu kleine Partei
oder in eine zu feine Partei!
Spiel nicht alleine Partei!
Gründe nicht deine Partei!
Geh auch nicht in seine Partei!
es gibt nur eine Partei,
sonst gibt es keine Partei, –
es gibt nur meine Partei!

Rundgang mit Spieluhrmusik. Bis zur Figur der Halbwüchsigen, verwildert, mit einem Bündel.

Wer unrecht tut, hat's besser als die Braven.
Er lügt und stiehlt und lacht die andern aus.
Es ist bequemer, nachts im Heu zu schlafen
als hinter Gittern, im Erziehungshaus.

Ich wär ganz gerne fromm und gut und klug.
Ich glaube nur, ich glaube nur, –
ich wünsch mir's nicht genug...

Ich weiß soviel, was ich nicht wissen sollte.
Und was ich wissen sollte, weiß ich nicht.
Ich habe viel getan, was ich nie, nie tun wollte!
Habt ihr auch ein Gewissen, das nicht spricht?

Und hat's noch Sinn, daß man mir hilft und rät?
Ich fürchte fast, ich fürchte fast, –
es ist bereits zu spät...

Rundgang mit Spieluhrmusik. Bis zur Figur des Widersachers, der breitbeinig, Hände faul in den Taschen, stehenbleibt. Alte Breeches und schwarze Reitstiefel.

Wir haben euch gezwungen und verlockt?
Stellt eure Unschuld bloß nicht untern Scheffel!
Wir haben euch die Suppe eingebrockt,
Und ihr habt nicht mal einen Löffel!

Er lacht schadenfroh. Andere Stimmen lachen, von sehr weit, wie ein Echo, hinterdrein.

Ablösung vor! Ihr erbt den Schrott und Schund.
Es ist, als ob wir's abgesprochen hätten!
Wir richten Deutschland jedesmal zugrund –
Und dann kommt ihr und dürft es retten.

Lachen, wie nach den ersten vier Zeilen.

Dann schau'n wir zu und schimpfen euch Verräter
und spotten all der Fehler, die ihr macht.
Habt ihr das Land dann wieder hochgebracht,
entsenden wir die ersten Attentäter
und werben für die nächste Völkerschlacht!
Soviel für heute, alles andre – später!

Lachen, wie nach den anderen Strophen.

Erneut Spieluhrmusik. Während sich die neun Figuren weiter im Kreise bewegen, hebt sich der Scheinwerfer und zeigt auf die Figur der Zeit. Sie steht auf einem Sockel und hat wie Justitia eine Binde vor den Augen. Die Figuren stehen still. Ende der Spieluhrmusik.

Mein Reich ist klein und unabschreitbar weit.
Ich bin die Zeit.
Ich bin die Zeit, die schleicht und eilt,
die Wunden schlägt und Wunden heilt.
Hab weder Herz noch Augenlicht.
Ich kenn die Gut' und Bösen nicht.
Ich trenn die Gut' und Bösen nicht.
Ich hasse keinen. Keiner tut mir leid.
Ich bin die Zeit.

Im folgenden immer eisiger, immer verächtlicher, immer unnahbarer.

Da ist nur eins, – das sei euch anvertraut:
Ihr seid zu laut!
Ich höre die Sekunden nicht,
ich hör den Schritt der Stunden nicht.
Ich hör euch beten, fluchen, schrein,
ich höre Schüsse mittendrein,
ich hör nur euch, nur euch allein ...
Gebt acht, ihr Menschen, was ich sagen will:
Seid endlich still!

Nun etwas weniger kühl, eine Nuance menschlicher.

Ihr seid ein Stäubchen am Gewand der Zeit, –
laßt euren Streit!
Klein wie ein Punkt ist der Planet,
der sich samt euch im Weltall dreht.
Mikroben pflegen nicht zu schrein.
Und wollt ihr schon nicht weise sein,
könnt ihr zumindest leise sein!
Schweigt vor dem Ticken der Unendlichkeit!
Hört auf die Zeit!

Während die Spieluhrmusik wieder einsetzt und die Figuren sich erneut zu drehen beginnen, fällt der Vorhang.

Februar 1947, ›Neue Zeitung‹. Strafen auf Waffenbesitz und Amnestie bei Waffenablieferung hatten mehrfach miteinander abgewechselt. Anläßlich der Amnestie Anfang des Jahres 1947 erschien eine Statistik. Mit ihr befaßt sich die folgende Glosse.

Abrüstung in Bayern

Als Scipio Aemilianus im Jahre 146 v. Chr. Karthago besiegt hatte, wurde die gewaltige Stadt samt ihren Einwohnern von den Römern kurzerhand verlagert. Fort von der Küste des Mittelmeers, landeinwärts. Weitere Punische Kriege sind, wie jeder Gymnasiast freudig bestätigen wird, seitdem nicht mehr vorgekommen. Karthago spielte nie wieder eine politische Rolle. Die »Abrüstung« war hundertprozentig geglückt.

Heutzutage ist so etwas viel schwieriger. Unter anderem schon deshalb, weil man damals ja nur neue Punische Kriege verhindern wollte und nicht, wie nun, den Krieg überhaupt. Ob das möglich sein oder ob es in aller Welt auch nur ehrlich gewünscht wird, kann unsereins als politischer Laie in keiner Weise beurteilen. Der Laie sieht in der Herbeiführung eines Weltfriedens gar kein Problem. Vermutlich ist er farbenblind. Er versteht nicht, worin denn bloß in Zukunft der Sinn und der Zweck großer militärischer Auseinandersetzungen noch liegen könnte, wenn doch hinterdrein, wie diesmal schon, sämtliche Beteiligten frieren, hungern und im Dunkeln sitzen! (Von wichtigeren Dingen, die dann fehlen, ganz zu schweigen.)

Andererseits, bei Raufereien, soweit sie nicht in geschlossenen Staatsverbänden, sondern in engerem

Kreise stattfinden, haben ja zum Schluß auch sämtliche Kursusteilnehmer blutige Köpfe, zerfetzte Jacken und zerbrochene Bierkrüge – und trotzdem wird sich eine kräftesparendere Methode, den Angreifer friedliebend zu stimmen, schon hier schwer einbürgern lassen. Wie gesagt, dem Laien muß wohl der sechste, siebente oder achte Sinn fehlen. Er ist zu unkompliziert. Doch zurück zu den Abrüstungsplänen im weiter gespannten Rahmen. Die Siegerstaaten versuchten bereits die ersten hoffnungsvollen Beispiele guten Willens zu geben, indem sie viele ihrer Marschälle, Admirale und Generäle zu Ministern, Botschaftern und anderen Zivilbeamten umernannten, militärisch also gewissermaßen aus dem Verkehr zogen. Andererseits ist es nur logisch, daß die Abrüstung bei den besiegten Herausforderern des Unheils, bei uns, noch energischer angepackt wurde. Man sprengte Waffenlager. Man versenkte Schiffe. Rüstungsindustrien wurden vernichtet. Zuweilen kam dem Laien der Gedanke, man hätte das eine oder andere Werk vielleicht nicht sprengen sollen. Denn was alles ist nicht schon in die Luft geflogen, als noch Krieg war! Und womöglich hätte man daraus Fabriken machen können, in denen Öfen, Waggons, Töpfe, Tiegel, Löffel und Streichhölzer herzustellen gewesen wären?

Doch wahrscheinlich hat der Laie wieder einmal unrecht.

Die Erfinder unserer geheimen Kriegswaffen selber konnte man an Ort und Stelle sicher nicht so ohne weiteres verwandeln, und so tat man, damit sie hier kein Malheur stiften, etwas recht Vernünftiges: Man lud sie rasch in andere Länder ein. Dort wird man sie fraglos leichter in friedliche Erfinder umarbeiten können. Ach, es gibt ja so viele Möglichkeiten! So viele zukunftweisende Artikel! Ich denke da nur an den Löffel, der, wenn man ihn in die Suppe tunkt, notfalls rufen kann: »Vorsicht, zu heiß!« (Dies wirklich nur am Rande erzählt, als kleine Anregung.)

Eine sehr dringliche Maßnahme war die Erfassung all jener Hieb-, Stich- und Schußwaffen, die sich bei Kriegsende zunächst noch in privater Hand befanden. Um die Ablieferung zu beschleunigen, verschärfte man die andernfalls zu gewärtigenden Strafen. Und um das hierdurch erreichte Resultat noch einmal zu steigern, erließ man kürzlich eine befristete Amnestie. Über deren Ergebnis liegen die ersten Zahlen vor. So wurden beispielsweise der Bayerischen Landespolizei bis zum 17. Februar 1700 Seitenwaffen, 570 Jagdgewehre, 1000 Gewehre und 1000 Pistolen ausgehändigt. Außerdem 20 Maschinenpistolen und 20 Maschinengewehre. Dem Laien ist, wie so oft, auch hier wieder etwas nicht ganz klar. Wollten sich die zwanzig Leute die Maschinengewehre eines Tages zur Erinnerung an große Zeiten übers Sofa hängen? Oder hielten sie die Dinger für fahrbare Ofenrohre? Die Ausbeute war aber noch bunter! Laut DENA wurden allen Ernstes überdies ein Torpedo, 21 Geschütze und drei veritable Panzer abgegeben! Das sind Rekordernten, die an zwei Pfund schwere Ananaserdbeeren und dreißigpfündige Gartengurken erinnern. Und im Kopf des Lesers, der nicht zu den geborenen Waffensammlern gehört, türmen sich die Fragen. Wo, zum Beispiel, hebt man einen Panzer auf? In meiner Wohnung etwa ginge das gar nicht. Eher paßte meine Wohnung in den Panzer! Und dann, wozu versteckt man, wenn man es nun schon zufällig auf dem Nachhauseweg finden sollte, ein Geschütz? Ich habe früher einmal im Nebenberuf mit 15-cm-Haubitzen zu tun gehabt – man hätte mir 1918 so ein Ding nachwerfen können, ich hätte es nicht genommen. Dazu die Angst: Wenn nun am Abend Schneiders zu Besuch kommen, und die Kanone steht im Vorsaal, und es ist doch bei Strafe verboten... Man muß wohl sehr an seiner alten Waffengattung hängen, um sich mit einem mehrtonnigen Panzer oder einem Granatwerfer zu belasten! Und schließlich der Ärmste, der sich das Torpedo aufgehoben hatte! Er hat es wahrscheinlich nicht gleich abgeliefert, nur weil er nicht ausgelacht werden wollte. Das kann man verstehen. Denn in Schliersee oder Garmisch mit einem Torpedo durchs ganze Dorf ziehen und sich als »Kapitän der reitenden Gebirgsmarine« anöden lassen, ist nicht jedermanns Sache. Nur, wie kam das Torpedo überhaupt erst einmal in sein Haus? Panzer und Kanonen können natürlich, wenn eine Armee sich auflöst, auch in Bayern plötzlich herrenlos herumstehen. Aber ein Torpedo?

Die Zählung und Sichtung der während der Amnestie abgelieferten Waffen ist noch nicht endgültig abgeschlossen. Es sind also noch weitere Überraschungen möglich. Leider wird die eine nicht darunter sein: daß die Gangsterbanden, die sich breitmachen, am hellichten Tage Polizisten und Passanten über den Haufen knallen und sich auch sonst wie in Kriminalfilmen aufführen, die Amnestie wahrgenommen haben. Ihre Messer, Revolver und Maschinenpistolen wird sich die Polizei leider, Stück für Stück und Schuß um Schuß, persönlich bei den Besitzern abholen müssen.

Frühjahr 1947, ›Schaubude‹. Noch immer befanden sich Millionen deutscher Soldaten in Kriegsgefangenschaft. Die Gemütsverfassung ihrer Mütter und Frauen, die oft nicht einmal wußten, wo die Männer waren und ob sie noch lebten, lastete wie ein Alpdruck auf allem und allen. Auch jetzt sind viele Gefangene noch nicht heimgekehrt. Seit die Friedensschlüsse länger brauchen als die vorangehenden Kriege, sind alle auf raschem Friedensschluß basierenden Klauseln und Bräuche sinnlos und bedenklich geworden.

Das Lied vom Warten

Eine Frau mit einem selbstgemalten Plakat steht an der Rampe. Auf dem Plakat klebt eine Fotografie. Außerdem steht, mit einer Feldpostnummer, groß »Hans Maier« darauf. Hintergrundprospekt: Bahnhofshalle mit heimkehrenden Kriegsgefangenen.

1.

Zwei Jahre wird's in diesem Mai,
da war der Totentanz vorbei,
da starb das große Sterben.
Wir traten vor das halbe Haus
und sahen nur: Der Krieg war aus.
Und sahen nichts als Scherben.

Doch auf dem Rest vom Kirchturm sang
die Amsel voller Überschwang,
und der Flieder, der blühte im Garten.
Die Bäume rauschten bis ins Blut.
Die Hoffnung sprach: »Es werde gut!
Geduld, mein Herz, Geduld mein Herz,
dein bißchen Glück muß warten!«

Zwei Jahre werden es im Mai.
Mein Mann, der ist gefangen.
Er ist gefangen, ich bin frei.
Die Hoffnung ging an uns vorbei.
Die Hoffnung ist vergangen.

Die Frau hebt ihr Plakat hoch und bringt das Folgende rezitativisch: (laut)

Schaut her, Kameraden meines Mannes.
Wer kann Auskunft geben
über den Gefreiten Hans Maier,
Maier mit a i,
wer kann Auskunft geben über meinen Hans?
Bitte, kommt näher, und lest das Schild.
Ich habe es selber gemalt, und unten rechts,
das ist er, das ist sein letztes Bild!
War jemand mit ihm im Lager? Wo kommt ihr her?
Aus Rußland? Aus Frankreich? Erkennt ihn wer?
Er ist mein Mann, und ich brauch ihn so sehr.
Lacht mich nicht aus,
oder meinetwegen lacht hinter mir her!

Ich steh und wart,
daß sich das Schicksal mein erbarme.
Schickt ihn doch heim.
Schickt ihn doch endlich heim in meine Arme!

2.

Die gleiche bleiche Wartequal
hockt wie ein Geier überall
und hält uns in den Klauen.
Im Dunst der Stadt, im fernsten Tal, –
ganz Deutschland ist ein Wartesaal
mit Millionen Frauen.

Die Amsel schluchzt, die Blumen blühn,
das Korn wird gelb, die Stare ziehn,
und der Winter rupft Federn im Garten.
Ein Mond wird schmal, ein andrer naht,
und rings ums Herz starrt Stacheldraht.
Geduld, mein Herz! Geduld, mein Schmerz!
Wir leben nicht, – wir *warten!*

Wir warten stumm,
daß sich die Welt unser erbarme.
Schickt sie doch heim.
Schickt sie doch endlich heim in unsre Arme!

März 1947, ›Neue Zeitung‹

Mama bringt die Wäsche
Aus Berliner Tagebuchblättern

17. Januar 1944
Vorgestern nacht war nun also meine Wohnung an der Reihe. Ein paar Kanister »via airmail« eingeführten Phosphors aufs Dach, und es ging wie das Brezelbacken. Geschwindigkeit ist keine Hexerei. Dreitausend Bücher, acht Anzüge, einige Manuskripte, sämtliche Möbel, zwei Schreibmaschinen, Erinnerungen in jeder Größe und mancher Haarfarbe, die Koffer, die Hüte, die Leitzordner, die knochenharte Dauerwurst in der Speisekammer, die Zahnbürste, die Chrysanthemen in der Vase und das Telegramm auf dem Schreibtisch: »ankomme 16. früh anhalter bahnhof bringe weil paketsperre frische wäsche persönlich muttchen«. Wenigstens einer der Schreibmaschinen wollte ich das Leben retten. Leider sausten mir schon im dritten Stock brennende Balken entgegen. Der Klügere gibt nach.

Hinterher ist einem seltsam leicht zumute. Als habe sich das spezifische Gewicht verändert. Für solidere Naturen bestimmt ein abscheuliches Gefühl. Nicht an die Güter hänge dein Herz! Die Bücher werden mir am meisten fehlen. Einige Briefe. Ein paar Fotos. Sonst? Empfindungen wie: »Jetzt geh ich heim, leg mich auf die Couch, guck in den Kronleuchter, denk an fast gar nichts, lauf nicht ans Telefon und nicht an die Tür, wenn's läutet, bin so allein, daß die Tapete Gänsehaut kriegt...« Damit ist's aus. Für Jahrzehnte. Und dann die Bettwäsche, die Oberhemden, die gestickten Taschentücher, die Krawatten, die mir Mutter allweihnachtlich schenkte. Die stolze Schenkfreude, die sie nach jeder großen Wäsche immer wieder neu hineingeplättet hat. Das ist nun mitverbrannt. Ich glaubte, dergleichen könne gar nicht verbrennen. Man muß, ehe man mitreden kann, alles erst am eigenen Leib erfahren. Oder an der eigenen Leibwäsche. Na ja.

Den Schlüssel hab ich noch. Wohnung ohne Schlüssel ist ärgerlich. Schlüssel ohne Wohnung ist geradezu albern. Ich wollte die Dinger wegwerfen. In eine passende Ruine. Und ich bring's nicht fertig! Mir wär's, als würfe ich frisches Brot auf den Müll. Welch unsinnige Hemmung Schlüsseln gegenüber, die wohnungslos geworden sind! Trotzdem ist es so. Non scholae sed vitae discimus.

Wenn wenigstens die Mama nicht gekommen wäre! Seit den ersten Angriffen auf Berlin hatte ich ihre Besuche hintertrieben. Zuweilen mit wilden Ausreden. Wozu ihre Besorgnisse durch den Augenschein noch steigern? Ein paarmal war sie richtig böse geworden. Ich hatte es hingenommen. Und nun rückte sie mit dem Wäschekarton an! Ausgerechnet in dem Augenblick, in dem mir die Engländer die Wohnung gekündigt hatten. Die Stadt brannte noch. Das Verkehrsnetz war zerrissen. Die Feuerwehr stand unrasiert und übernächtig vor züngelnden Fassaden. In der Roscherstraße war kein Durchkommen. Möbel lehnten und lagen naß, schief und schmutzig im Rinnstein. An den Ecken wurden heißer Kaffee und Klappstullen verteilt.

Was half's? Ich zog also gestern im Morgengrauen zum Bahnhof Charlottenburg. Natürlich gesperrt. Zum Bahnhof Zoo. Gesperrt. Zu Fuß an den schimmelfarbigen Flaktürmen vorbei zum Bahnhof Tiergarten. Die Stadtbahn fuhr. Bis Lehrter Bahnhof. Alles aussteigen. Pendelverkehr bis Friedrichstraße. Umsteigen. Anhalter Bahnhof. Gesperrt. Wo kommen die Züge aus Dresden an? Am Görlitzer Bahnhof. Ankunftszeiten? Achselzucken. Als ich im Görlitzer Bahnhof einpassierte, war ich genau drei Stunden unterwegs. Der Schnellzug aus Dresden? Vielleicht gegen zehn Uhr. Vielleicht auch gegen elf. Ich stellte mich an die Sperre und wich nicht von der Stelle, bis, nach endlosem Warten, der Zug einlief. Er hatte, irgendwo bei Berlin, auf freier Strecke halten müssen.

Die Reisenden sahen blaß und nervös aus. Den Qualm über der Stadt hatten sie von weitem ausgiebig beobachten können. Ängstlich suchten ihre Augen nach den Angehörigen hinter der Sperre. Was alles war in der Neuzeit über Nacht möglich, wer weiß, schwerer Angriff auf die Reichshauptstadt, noch jetzt von den Bränden bonbonrosa angehauchte Rußwolken überm Dächermeer, die lächerlichen Luftschutzkeller, mit den Fenstern halb überm Gehsteig, die Gas- und Wasserröhren in Kopfhöhe, rasch tritt der Tod den Menschen an. Siemensstadt soll auch wieder drangewesen sein, und wenn Paula erst einmal schläft, kann man neben dem Bett Kanonenkugeln abschießen, sie hört nichts, dann das Kind anziehen, der Rucksack, der schwere Koffer, der verfluchte Krieg. Ley hat eine Bar im Bunker, wo hab ich eigentlich die Fahrkarte. Mensch, gib gefälligst mit deiner dämlichen Kiste Obacht, und bitte, lieber Gott, laß ihnen nichts passiert sein...

Da entdeckte ich die Mama. Mit dem Wäschekarton an der Hand. Ich winkte. Sie sah unverwandt geradeaus. Ich rief. Winkte. Rief. Jetzt bemerkte sie mich. Lächelte verstört. Nickte mehrmals. Ging hastig auf die Sperre zu und hielt dem Beamten steif die Fahrkarte entgegen.

Noch während wir in der dröhnenden Bahnhofshalle standen, berichtete ich ihr, was geschehen war. Die Wohnung sei verbrannt. Das gesamte Gartenhaus. Das Vorderhaus. Die Seitengebäude. Auch andere Häuser in der Straße. In den Straßen ringsum. In anderen Vierteln. Berlin eigne sich heute ganz und gar nicht für Mütter über siebzig. »Weißt du was«, sagte ich, »wir bleiben hier in der Nähe, essen in einer Kneipe zu Mittag, unterhalten uns gemütlich, – und mit dem ersten Nachmittagszug fährst du zurück. Es wird zeitig dunkel. Am Ende gibt's wieder Alarm. Vielleicht auch nicht; denn seit sie meine Wohnung erwischt haben, hat Berlin für sie enorm an Reiz eingebüßt. Trotzdem...« Ich lachte ziemlich künstlich.

Da fragte sie leise: »Die Teppiche auch?«
Mir verschlug's den Atem.
»Und das neue Plumeau?«
Ich erklärte ihr noch einmal und so behutsam, wie eine Bahnhofshalle es zuläßt, daß das Feuer keine Ausnahme gemacht habe. Die Teppiche seien fort, das neue Plumeau von Thiels aus der Prager Straße, das Klavier, auf dem ich als Kind die Dur- und Molltonarten geübt hätte, die Möbel aus den Deutschen Werkstätten, die Cottasche Goethe-Jubiläumsausgabe, das Zwiebelmuster, die dünnstieligen Weingläser, die Badewanne, die Tüllvorhänge, der Liegestuhl samt dem Balkon...

»Komm!« sagte sie, »ich muß die Wohnung sehen!« Es gelang ihr noch nicht, die vier Zimmer aus der Welt wegzudenken. Sie lief auf die Straße. War nicht zu halten. Wir fuhren. Stiegen aus. Stiegen um. U-Bahn. Stadtbahn. Ab Tiergarten pendelte ein Omnibus. An einer Station kam ich mit der einen Hand und dem Wäschekarton nicht ins Abteil. Der Rest war längst im Wagen. Die Leute rührten sich nicht. Ich mußte sehr laut werden, bis ich meine Hand und den Karton wieder hatte. Die Mama stand oder saß, je nachdem, und starrte ins Leere. Tränen liefen über ihr Gesicht wie über eine Maske.

Zwei Stunden dauerte es diesmal bis Charlottenburg. Vom Bahnhof aus steuerte sie den von früher her gewohnten Weg, kaum daß ich Schritt halten konnte. Der Zugang durch die Sybelstraße war abgeriegelt. Also Dahlmannstraße, Kurfürstendamm, Küstriner Straße. Über Stock und Stein, über Stuck und Stein. Auch hier ging's plötzlich nicht weiter. Trümmer, Qualm, Feuerwehr, Einsturzgefahr, es hatte keinen Zweck. Noch ein paar Schritte. Aus. Die Räume überm Haustor waren heruntergesackt. Der Schutt versperrte den Blick in den Hof. Der Sargdeckel war zugeklappt. Die Mama blickte ratlos um sich. Dann packte sie meinen Arm und sagte: »Bring mich zurück.«

Wieder zwei Stunden Fahrt. Unheimliches Gedränge. Autobus, Stadtbahn, U-Bahn, aussteigen, pendeln, umsteigen. Meine Befürchtung, der Anblick solcher Ruinenfelder wie etwa des Hansaviertels werde ihr Herz meinethalben mit neuer, stärkerer Angst erfüllen, erwies sich als unbegründet. Sie sah auch jetzt nicht links, noch rechts. Wahrscheinlich schaute sie in den großen Wäscheschrank aus hellgrünem Schleiflack. In das Fach mit den Überschlaglaken, Bettüchern und Kopfkissenbezügen. In das Fach mit den sorgfältig gestapelten Oberhemden. In die Schachteln mit den exakt gefalteten Taschentüchern. Auf die säuberlich geschichteten Frottiertücher, Handtücher und Wischtücher.

Da waren auch noch die zwei nagelneuen Kamelhaardecken. Von Salzmanns. Und der dunkelblaue Bademantel vom Geburtstag vor zwei Jahren. Und das Silber. Für zwölf Personen. Stück um Stück nacheinander gekauft. Mein Junge, wissen Sie, hat eine Aussteuer wie ein heiratsfähiges Mädchen. Und jedes Jahr schenk ich ihm etwas hinzu. Ja, selbstverdient, natürlich. Dreiundsiebzig werd ich im April. Aber wenn ich ihm nichts mehr schenken könnte, würde mir das Leben keinen Spaß mehr machen. Er sagt zwar jedesmal, nun müßte ich endlich mit Arbeiten aufhören. Doch das laß ich mir nicht nehmen. Schriftsteller ist er. Er darf aber nicht schreiben. Seine Bücher hat man verbrannt. Und nun die Wohnung...

Als der Schnellzug anrückte, dunkelte es bereits. Ich lief eine Weile nebenher und winkte. Sie biß sich auf die Lippen und versuchte zu lächeln.

Dann fuhr ich wieder nach Charlottenburg. Neun Stunden war ich insgesamt in Berlin herumgegondelt. Am Mantel fehlten zwei Knöpfe. Als ich am Stuttgarter Platz aus dem Omnibus kletterte, sagte jemand: »Es wird gleich Voralarm geben!« Da fing ich zu laufen an. Manchmal schlug mir der Wäschekarton gegen die Beine. In der Ferne heulte die erste Sirene. Das mußte Grunewald sein.

August 1947, ›Neue Zeitung‹

Eine kleine Sonntagspredigt
Vom Sinn und Wesen der Satire

Über dem geläufigen Satze, daß es schwer sei, *keine* Satire zu schreiben, sollte nicht vergessen werden, daß das Gegenteil, nämlich das Schreiben von Satiren, auch nicht ganz einfach ist. Das Schwierigste an der Sache wird immer die Vorausberechnung der Wirkung bleiben. Zwischen dem Satiriker und dem Publikum herrscht seit alters Hochspannung. Sie beruht im Grunde auf einem ebenso einseitigen, wie resoluten Mißverständnis, das der fingierte Sprecher eines Vierzeilers von mir, eben ein satirischer Schriftsteller, folgendermaßen formuliert:

> Ich mag nicht länger drüber schweigen,
> weil ihr es immer noch nicht wißt:
> Es hat keinen Sinn, mir die Zähne zu zeigen, –
> ich bin gar kein Dentist!

Wie gesagt, die Verfasser von Satiren pflegen mißverstanden zu werden. Seit sie am Werke sind – und das heißt, seit geschrieben wird – glauben die Leser und Hörer, diese Autoren würfen ihrer Zeit die Schaufenster aus den gleichen Motiven ein wie die Gassenjungen dem Bäcker. Sie vermuten hinter den Angriffen eine böse, krankhafte Lust und brandmarken sie, wenn sie es vorübergehend zum Reichspropagandaminister bringen, mit dem Participium praesentis »zersetzend«. Solche Leser sind aus Herzensgrund gegen das Zersetzen und Zerstören. Sie sind für das Positive und Aufbauende. *Wie* aufbauend sie wirken, kann man, falls sie es vorübergehend zum Reichspropagandaminister bringen, später bequem und mit bloßem Auge feststellen.

In der Mittelschule lernt man auf lateinisch, daß die Welt betrogen werden wolle. In der eigenen Muttersprache lernt man's erst im weiteren Verlauf, – aber gelernt wird's auf alle Fälle, in *der* Schulstunde fehlt keiner. Die umschreibende Redensart, daß die Menschen sich und einander in die Augen *Sand* streuten, trifft die Sache nicht ganz. Man streut sich auf der Welt keineswegs Sand in die Augen. So plump ist man nicht. Nein, man streut einander Zucker in die Augen. Klaren Zucker, raffinierten Zucker, sehr raffinierten sogar, und wenn auch das nicht hilft, schmeißt man mit Würfelzucker! Der Mensch braucht den süßen Betrug fürs Herz. Er *braucht* die Phrasen, weich wie Daunenkissen, sonst kann sein Gewissen nicht ruhig schlafen.

Als ich vor rund fünfundzwanzig Jahren nach bestem Wissen und Gewissen zu schreiben begann, kamen immer wieder Beschwerdebriefe. Mit immer wieder dem gleichen Inhalt. Wo, wurde resigniert oder auch böse gefragt, wo bleibt denn nun bei Ihnen das Positive? Ich antwortete schließlich mit einem Gedicht und zitiere ein paar Strophen, weil sie zum Thema gehören und heute nicht weniger am Platze sind als damals:

> Und immer wieder schickt ihr mir Briefe,
> in denen ihr, dick unterstrichen, schreibt:
> »Herr Kästner, wo bleibt das Positive?«
> Ja, weiß der Teufel, wo das bleibt.
>
> Noch immer räumt ihr dem Guten und Schönen
> den leeren Platz überm Sofa ein.
> Ihr wollt euch noch immer nicht dran gewöhnen,
> gescheit und trotzdem tapfer zu sein.

Die Spezies Mensch ging aus dem Leime
und mit ihr Haus und Staat und Welt.
Ihr wünscht, daß ich's hübsch zusammen*reime*,
und denkt, daß es dann zusammen*hält*?

Ich will nicht schwindeln. Ich werde nicht
   schwindeln.
Die Zeit ist schwarz. Ich mach euch nichts weis.
Es gibt genug Lieferanten von Windeln,
und manche liefern zum Selbstkostenpreis ...

Dem Satiriker ist es verhaßt, erwachsenen Menschen Zucker in die Augen und auf die Windeln zu streuen. Dann schon lieber Pfeffer! Es ist ihm ein Herzensbedürfnis, an den Fehlern, Schwächen und Lastern der Menschen und ihrer eingetragenen Vereine – also an der Gesellschaft, dem Staat, den Parteien, der Kirche, den Armeen, den Berufsverbänden, den Fußballklubs und so weiter – Kritik zu üben. Ihn plagt die Leidenschaft, wenn irgend möglich das Falsche beim richtigen Namen zu nennen. Seine Methode lautet: Übertriebene Darstellung negativer Tatsachen mit mehr oder weniger künstlerischen Mitteln zu einem mehr oder weniger außerkünstlerischen Zweck. Und zwar nur im Hinblick auf den Menschen und dessen Verbände, von der Ein-Ehe bis zum Weltstaat. Andere, anders verursachte Mißstände – etwa eine Überschwemmung, eine schlechte Ernte, ein Präriebrand – reizen den Satiriker nicht zum Widerspruch. Es sei denn, er brächte solche Katastrophen mit einem anthropomorph vorgestellten Gott oder einer Mehrzahl vermenschlichter Götter in kausale Zusammenhänge.

Der satirische Schriftsteller ist, wie gesagt, nur in den Mitteln eine Art Künstler. Hinsichtlich des *Zwecks*, den er verfolgt, ist er etwas ganz anderes. Er stellt die Dummheit, die Bosheit, die Trägheit und verwandte

Eigenschaften an den Pranger. Er hält den Menschen einen Spiegel, meist einen Zerrspiegel, vor, um sie durch Anschauung zur Einsicht zu bringen. Er begreift schwer, daß man sich über ihn ärgert. Er will ja doch, daß man sich über *sich* ärgert! Er will, daß man sich schämt. Daß man gescheiter wird. Vernünftiger. Denn er glaubt, zumindest in seinen glücklicheren Stunden, Sokrates und alle folgenden Moralisten und Aufklärer könnten recht behalten: daß nämlich der Mensch durch Einsicht zu bessern sei.

Lange bevor die »Umerziehung der Deutschen« aufs Tapet kam, begannen die Satiriker an der »Umerziehung des Menschengeschlechts« zu arbeiten. Die Satire gehört, von ihrem Zweck her beurteilt, nicht zur Literatur, sondern in die Pädagogik! Die satirischen Schriftsteller sind Lehrer. Pauker. Fortbildungsschulmeister. Nur – die Erwachsenen gehören zur Kategorie der Schwererziehbaren. Sie fühlen sich in der Welt ihrer Gemeinheiten, Lügen, Phrasen und längst verstorbenen Konventionen »unheimlich« wohl und nehmen Rettungsversuche außerordentlich übel. Denn sie sind ja längst aus der Schule und wollen endlich ihre unverdiente Ruhe haben. Rüttelt man sie weiter, speien sie Gift und Galle. Da erklären sie dann, gefährlichen Blicks, die Satiriker seien ordinäres Pack, beschmutzen ihr eigenes Nest, glaubten nicht an das Hohe, Edle, Ideale, Nationale, Soziale und die übrigen heiligsten Güter, und eines Tages werde man's ihnen schon heimzahlen! Die Poesie sei zum Vergolden da. Mit dem schönen Schein gelte es den Feierabend zu tapezieren. Unbequem sei bereits das Leben, die Kunst sei gefälligst bequem!

Es ist ein ziemlich offenes Geheimnis, daß die Satiriker gerade in Deutschland besonders schwer dran sind. Die hiesige Empfindlichkeit grenzt ans Pathologische. Der Weg des satirischen Schriftstellers ist mit Hühneraugen gepflastert. Im Handumdrehen schreien ganze Berufsverbände, Generationen, Geschlechter, Gehaltsklassen, Ministerien, Landsmannschaften, Gesellschaftsschichten, Parteien und Haarfarben auf. Das Wort »Ehre« wird zu oft gebraucht, der Verstand zu wenig und die Selbstironie – nie.

Das wird und kann die Satiriker nicht davon abhalten, ihre Pflicht zu erfüllen. »Sie können nicht schweigen, weil sie Schulmeister sind«, hab ich in einem Vorwort geschrieben, »– und Schulmeister müssen schulmeistern. Ja, und im verstecktesten Winkel ihres Herzens blüht schüchtern und trotz allem Unfug der Welt die törichte, unsinnige Hoffnung, daß die Menschen vielleicht doch ein wenig, ein ganz klein wenig besser werden könnten, wenn man sie oft genug beschimpft, bittet, beleidigt und auslacht. Satiriker sind Idealisten.«

Zum Schluß der Predigt sei diesen beklagenswerten Idealisten ein Spruch auf ihren mühseligen Weg mitgegeben:

> Vergeßt in keinem Falle,
> auch dann nicht, wenn vieles mißlingt:
> Die Gescheiten werden nicht alle!
> (So unwahrscheinlich das klingt.)

September 1947, ›Pinguin‹. Je länger die deutsche Währungsreform hinausgezögert wurde, um so größer wurde die Not der ehrlich Arbeitenden und um so gefährdeter ihre Moral.

Der Abgrund als Basis

Im vorigen Winter trafen sich in einer deutschen Großstadt zwei alte Bekannte, Autoren von Beruf, die einander lange nicht mehr gesehen hatten. Nach der ersten stürmischen Begrüßung sagte der eine, mit einem anerkennenden Seitenblick auf des anderen pralle Aktentasche, worin er Manuskripte neueren Datums vermutete: »Großartig! Die Musen funktionieren also wieder! Was arbeiten Sie denn?« Er konnte nicht wissen, daß die Mappe mit Zigaretten, Kaffee, Corned beef und Butter angefüllt war, und daß kein Schriftsteller, sondern ein Schwarzhändler vor ihm stand. Dieser andere warf ihm einen traurig-spöttischen Blick zu, lachte bitter und antwortete unter Achselzucken: »Arbeiten? Du lieber Himmel! Arbeiten kann ich mir nicht leisten!« Wenn der abscheuliche letzte Satz auch nur eine halbe Wahrheit enthalten sollte – schon als Halbwahrheit verurteilt er die Zustände genauso wie die Menschen, die sich solchen Zuständen anpassen.

Ein anderes Beispiel. Vor Wochen entdeckten die Stadträte einer süddeutschen Kleinstadt, daß sich ihr Bürgermeister heimlich aller möglichen Bezugsscheine bemächtigt und seine Wohnung und Familie mit allem Notwendigen austaffiert hatte. Der Fall war klar. Es handelte sich um Mißbrauch der Amtsgewalt und einige andere einschlägige Delikte.

Es galt eine einzige Folgerung zu ziehen: Der Bürgermeister mußte mit Schimpf und Schande entlassen werden! Einer der Stadträte stellte in der entsprechenden Sitzung den entsprechenden Antrag. Es kam zu einer Debatte, und ein anderer Stadtrat erklärte nun folgendes: »Bürgermeister X ist, sieht man von seinem Vergehen ab, ein brauchbarer Ortsvorstand. Er hat sich leider auf dem Amtswege persönliche Vorteile verschafft, und insofern wäre er zu maßregeln. Andererseits sollten wir nicht vergessen, daß es gerade diese Vorteile sind, die ihn zur Fortführung der Amtsgeschäfte prädestinieren. Jeder in Frage kommende Nachfolger wäre versucht, das Vergehen des Bürgermeisters X zu wiederholen. Die Bezugsscheinstelle müßte erneut herhalten. So schlage ich vor, den X im Amte zu belassen. Er hat nun, was er braucht. Vor ihm sind wir künftig sicher, vor dem Nachfolger nicht.« Ich weiß nicht, ob dieser groteske Antrag angenommen worden ist oder nicht – doch schon der bloße Antrag verurteilt die Zustände nicht weniger als die Menschen, die sich solchen Zuständen anpassen.

Die Moral gleitet ab wie auf einer eingeseiften Rutschbahn. Es gibt wahrhaftig Menschen genug, die nicht abrutschen wollen. Sie tun nichts Unrechtes. Sie sind reell bis auf die Knochen. Sie arbeiten über ihre Kraft und versteuern, was sie verdienen, auf Heller und Pfennig. Sie haben die Genugtuung, korrekt zu handeln und, den vielfältigen Versuchungen zum Trotz, anständig zu bleiben. Und doch, sie werden für Minuten wankelmütig! Es gibt Momente, wo sie, erbost über ihr zartes Gewissen, aus Herzensgrund zu sich selber »Du Rindvieh« sagen. Das ist ein bedenkliches Zeichen. Wenn die Idealisten beginnen, sich für Idioten zu halten, muß etwas Entscheidendes geschehen.

Der Mensch ist nicht nur das Produkt der Um- und Zustände. Das wäre wenig mehr als eine bequeme Ausrede für Faulpelze und Lumpen. Aber die moralische Standhaftigkeit des Durchschnitts hat unverrückbare Grenzen. Eine solche Grenze ist wieder einmal erreicht. Man kann vom Katheder, von der Kanzel und vom Balkon aus an die Moral appellieren. Es wird wenig Sinn haben. Man kann höhere Strafen erlassen. Es wird wenig Sinn haben. Man muß sich mit dem Gedanken vertraut machen, daß es an der Zeit ist, statt der unveränderlichen Menschen die veränderliche Komponente zu ändern: die Zustände! Wie die Dinge seit zwei Jahren liegen, wird der Idealismus des Durchschnittsmenschen zu sehr beansprucht. Der Abgrund eignet sich nicht als Fundament. Der Sumpf bietet keine Basis. Er gibt keinen Halt. Man wird haltlos. Die Kardinalfrage lautet: Wie schafft man Festigkeit – oder doch das Gefühl der Festigkeit – unter unseren Füßen?

Die wenigsten haben Lust und Antrieb genug, sich zehn Zentimeter emporzuarbeiten, solange sie damit rechnen müssen, im nächsten Augenblick zwanzig Zentimeter tiefer zu sinken. Deswegen arbeiten viele nicht. Deswegen halten viele ihre Ware zurück. Deswegen schlachten die Bauern zu wenig Vieh ab. Deswegen wird getauscht, statt verkauft. Deswegen gedeiht der Schwarze Markt. Die unnatürliche Situation erzeugt das unnatürliche Verhalten. Es ist nicht wahr, daß die wirtschaftliche Unmoral bereits gesiegt habe. Es ist *noch* nicht wahr!

Aber das haltlose Tiefersinken, dieser Untergang an Ort, muß, darüber herrscht kein Zweifel, endlich gestoppt werden. Der neuralgische und für jede Maßnahme archimedische Punkt ist die Geldwährung. Das Geld muß wieder einen Sinn erhalten. Eine Arbeit muß sich wieder lohnen. Ein Gewinn muß bleibenden Wert haben. Arbeit, Ware und Geld müssen vernünftige Relationen eingehen. Der Geldreform ist es vorbestimmt, auch die Moral zu reformieren.

Herbst 1947, ›Schaubude‹. Die Bewirtschaftung, die Verwaltung, der Apparat, die Ämter waren zum Selbstzweck geworden. Die Kabarettszene wandte sich gegen die Weltpest der Bürokratie. Ob sich diese nun, nach der Währungsreform, in Deutschland aufs Mindestmaß reduzieren wird, bleibt, mit Reserve, abzuwarten.

Die Schildbürger

Personen:
DER BÜRGERMEISTER   2. SEKRETÄR
DER BAUMEISTER   DER HANDWERKER
DER KANZLEIVORSTAND   DER FABRIKANT
1. SEKRETÄRIN   DIE MUTTER
2. SEKRETÄRIN   DER MINISTER
1. SEKRETÄR   DER ORTSFREMDE

Bühnenbild: Großer hoher Rathaussaal ohne Fenster. In Reih und Glied historisches und modernes Büromaterial: Hieroglyphentafeln und Meißel, Wachstafeln mit Griffeln, Tintenfässer mit Federkielen, Schreibmaschinen, Telefone, Kartotheken usw.
Trachten: Seltsame Kombinationen aus antiken, mittelalterlichen und neuzeitlichen Kostümen, Kleidern, Schuhen, Kopfbedeckungen usw.

Vor dem Vorhang:
Vorhanginschrift: »Schildbürger aller Länder, vereinigt euch!«
Musikalisches Kurzvorspiel: Parodistische Variationen der Takte: »Oh, ich bin klug und weise!« aus ›Zar und Zimmermann‹.
Der Bürgermeister tritt auf. Mit goldener Kette. Musik

aus. Er ist feist, dummschlau und unecht jovial. Er spricht monoton und marktschreierisch, als hielte er Rundfunkreden. Stellt sich breitbeinig hin. Seine Dickbauchweste stellt bunte Globushälfte dar.

BÜRGERMEISTER: Kennen Sie Schilda? Schilda kennt jeder Mensch. Schilda ist groß, und ich bin der Bürgermeister. Schilda hat die Gestalt einer Kugel, bewegt sich in elliptischer Bahn um die Sonne, und ich bin der Bürgermeister. Wir haben vier Jahreszeiten eingeführt, die Jahreszeit zu drei Monaten, das ist relativ preiswert und bietet auch sonst gewisse Vorteile. Schilda ist ziemlich ewig, und Schilda ist ziemlich überall. Es heißt, die Schildbürger seien dumm. Das ist erfunden, das ist erlogen, – denn ich bin der Bürgermeister.
Von der anderen Seite kommt, lang und dünn, z. B. mit übergroßem Zirkel und Lineal, der Stadtbaumeister. Er ist trocken und verkniffen. Stellt sich in einigem Abstand, gleichfalls breitbeinig, neben dem Bürgermeister auf. Ohne ihn anzusehen. Die Szene hat stets etwas Künstliches, Marionettenhaftes.
BAUMEISTER *(responsorienhafter Ton)*:
Hic Potsdam, hic Jalta ...
BÜRGERMEISTER *(ebenso)*:
Hic Schilda, hic salta! *(in seinen üblichen Ton verfallend)* Das ist der Stadtbaumeister. Er hat das neue Rathaus errichtet. Das alte, berühmte Rathaus von Schilda, das ist eingestürzt. Die Trümmer sind zur Besichtigung freigegeben. Das neue *(zeigt mit dem Daumen hinter sich)* wird in zwei Minuten eingeweiht... Tja, unser neues Rathaus... Es ist sehr schön geworden. Es ist sehr groß geworden. Es ist sehr schön groß geworden. Sie werden staunen. Der Fortschritt kennt manchmal keine Rücksichten.
BAUMEISTER: Das größte Rathaus aller Zeiten.

BÜRGERMEISTER: Und ich bin der Bürgermeister.
BAUMEISTER: Es war eine ungewöhnliche Aufgabe. 365 000 Zimmer. Für jeden Tag im Jahr, die Sonntage inbegriffen, tausend Zimmer. Wir sind zufrieden. Mißliebige und zersetzende Elemente meinen, Produktion sei wichtiger als Verwaltung...
BÜRGERMEISTER: Die das sagen, sind schlechte Schildbürger! Produktivität ist nicht unsere Sache. Wir zählen, wir verteilen, wir verfügen, wir sorgen für Ordnung.
BAUMEISTER: Je weniger es gibt, um so mehr gibt es zu tun.
BÜRGERMEISTER: Wir regulieren den Mangel. Das ist eine Kunst wie andre auch. Wir schalten Widerstände ein, das ist unser Prinzip. Wir errichten Mauern zwischen den Gütern und den Bürgern. Die Produktion sinkt, die Mauern wachsen. Das neue Rathaus hat sehr hohe Mauern.
BAUMEISTER: Man setzt die eine Hälfte der Bürger hinter Schreibtische, die andre Hälfte stellt man davor, und das Leben aller Beteiligten ist ausgefüllt. Ihre Existenz ist gesichert. Der Mangel wird nicht beseitigt, aber dressiert.
BÜRGERMEISTER: Wir trocknen Tränen mit Plänen. Wir mildern Gefahren mit Formularen. Wir lindern Mängel durch Gegängel. Wir ersticken das Schreien in den Kanzleien. Wir ersetzen Transporte durch Worte.
BAUMEISTER: Wir konservieren die Restbestände auf dem Instanzenwege. Unsere Therapie heißt: Leerlauf auf vollen Touren. Zum zweiten Male in der Geschichte scheint es zu gelingen, Schilda vom Büro aus vorm Untergang zu retten. Deshalb ist Spott nicht am Platze. Das erste, das Goldene Zeitalter der Not, führte zum Bau jenes sagenhaften Bürohochhauses, das noch heute als Turm zu Babel bekannt ist.

BÜRGERMEISTER: Eine Sprachenverwirrung zwischen den Ämtern ist diesmal nicht zu befürchten. Das Desperanto, die Amtssprache, wird in Gesamt-Schilda verstanden.
BAUMEISTER: Schildbürger aller Länder, vereinigt euch!
BÜRGERMEISTER: Es gibt Menschen, die uns für dumm halten. Das ist recht kurzsichtig.
Musik.

Das Lied vom sanften Donnerhall (Duett)

Auf unserm Schreibtisch steht ein Globus.
Die Erde dreht sich in unserm Büro.
Wer uns für dumm hält, lebt im Irrtum,
Wir sind gar nicht dumm, – wir stellen uns nur so.

Die Not ist groß, das Rathaus größer.
Wir haben für jede Qual ein Büro.
Die Ämter wachsen mit den Nöten.
Wir stellen uns nur dumm, – wir sind gar nicht so.

CHOR *(forsch)*:
Es braust ein Ruf wie Donnerhall. *(zart)* Schilda, Schilda – ist überall! *(Mel.: Kuckuck, Kuckuck) hinterm Vorhang: wiederholt die letzte Zeile wie ein Echo.*
Vorhang auf.
Der Kanzleivorstand, zwei Sekretärinnen und zwei Sekretäre bei der Arbeit. Sie schreiben (mit Meißel, Griffel, Federkiel, Schreibmaschine) eifrig und im Takt. Die Musik des Duetts ist, während des Vorhangöffnens, in Werkstattmusik übergegangen. Außer den fünf benutzten Schreibtischen andere, unbesetzte. Der Bürgermeister und der Stadtbaumeister sehen sich angelegentlich im Rathaussaal um. (Weiße Ärmelschoner.)

BÜRGERMEISTER: Ich bin erstaunt...
Musik aus.
KANZLEIVORSTAND *(aufspringend)*: Der Bürgermeister!
1. SEKRETÄRIN *(himmelnd)*: Und der Herr Stadtbaumeister!
BÜRGERMEISTER: Ich bin sehr erstaunt. Meines Wissens waren Feierlichkeiten vorgesehen.
1. SEKRETÄR: Die Wirtschaftsämter hatten Blumen geliefert. Zu Girlanden gewunden...
2. SEKRETÄRIN: 3000 Kilometer Girlanden!
2. SEKRETÄR: Nach den ersten zehn Kilometern gaben wir die Sache auf. Frohsinn kann auch zu weit führen!
1. SEKRETÄRIN: Ich hätte mich sonst dazu gehängt!
1. SEKRETÄR: Da arbeiten wir lieber.
2. SEKRETÄRIN: Das macht nicht soviel Arbeit.
BÜRGERMEISTER *(zum Stadtbaumeister)*: Ein respektables Berufsethos!
KANZLEIVORSTAND: Es muß außer an uns auch an den Räumen liegen. Die psychologischen Bürobedingungen im neuen Haus dürfen schlechterdings als ideal bezeichnet werden. Wir sind fasziniert. Es grenzt ans Rätselhafte. Ein unerklärliches gewisses Etwas... Vielleicht die Bauweise, die Proportionen, am Ende eine Art Goldener Schnitt? Die Leistungen scheinen sich zu verdoppeln. Nach Meinung des Personalbüros, Abteilung Statistik, in sämtlichen Amtsräumen!
1. SEKRETÄRIN *(zum Baumeister)*: Man sollte den Erbauer zum Ehrenschildbürger ernennen.
BÜRGERMEISTER *(leicht pikiert)*: Haben Sie sonst noch Vorschläge zu machen?
1. SEKRETÄRIN *(steht auf; wichtigtuerisch, in singendem, leierndem Ton)*: Ich arbeite seit längerem an einer fühlbaren Entlastung des Schildaer Eisenbahnnetzes. Der Personenverkehr richtet sich weniger

denn je nach dem rapid schwindenden Waggon- und Lokomotivenbestand. Die Verfügung 6498b/XXXVI Dx, Linkshänder nur noch dienstags und freitags reisen zu lassen, erwies sich als durchaus unzureichend. Auch die siebzehnte Notverordnung, alle diejenigen, die aus wirklich triftigen, notariell beglaubigten Gründen reisen wollen, abschlägig zu bescheiden, genügt nicht mehr. Mir schwebt eine zusätzliche Maßnahme vor, die, glaube ich, völlig moderne Verwaltungsmethoden zur Entwicklung bringen könnte. So müßte jeder Schildbürger, nachdem er die sowieso notwendigen Erlaubnisse erhalten hätte, an einem besonderen Schalter seines Heimatbahnhofes eine seinen Reiseweg und das Reiseziel betreffende Geographieprüfung ablegen ...

BÜRGERMEISTER *(Feuer und Flamme)*: Nach Entrichtung einer angemessenen Prüfungsgebühr? ...

1. SEKRETÄRIN: Versteht sich! Die Prüfung müßte streng sein. Die erlegte Gebühr verfiele in jedem Falle. Wir könnten neue Beamte einstellen. Junglehrer, Werkstudenten, überzählige Lokomotivführer, die von Berufswegen die Landschaft kennen. Ich denke an Spruchbänder in den Bahnhöfen: »Schildbürger, auch Nicht-Reisen bildet!«

BAUMEISTER: Eine ausbaufähige Idee. Das Reisen bekäme einen quasi theoretischen Wert!

BÜRGERMEISTER: Erweiterung des Horizonts der Bevölkerung durch progressive Verkehrseinschränkung, in Kommunal-Union mit Gebühren- und Beamtenzuwachs, – eine in der Tat moderne, von humanistischem Geiste getragene Maßnahme! Höre ich nächstens mehr darüber? Ich danke Ihnen. Es hat mich sehr gefreut. *(Sekretärin setzt sich. Bürgermeister zum 1. Sekretär:)* Und woran arbeiten Sie?

1. SEKRETÄR *(schneidig)*: Ich beschäftige mich, kurz gesagt, mit der Abschaffung der Familiennamen. Ih-

re Zahl und Unübersichtlichkeit sind im Hinblick auf den heutigen Stand unserer weitverzweigten Bürokratie nicht länger vertretbar. Unsere gigantischen Karteien, unsere Buchungsmethoden und Hollerithmaschinen schreien geradezu nach einer radikalen Beseitigung dieses Zopfes, der sich zum Blinddarm der Epoche auszuwachsen beginnt!

BAUMEISTER: Und wodurch wollen Sie die Familiennamen ersetzen?

1. SEKRETÄR: Durch Ziffern. Durch ein sinnreich und handlich angeordnetes Ziffernsystem. Schilda hat immerhin zwei Milliarden Einwohner, – der Verwaltungsapparat erstickt in sinnlosen, komplizierten Namen, und was besagt schon ein Name? Aus der Ziffer wird man mühelos Alter, Beruf, Größe, Haarfarbe, Steuerklasse, Kinderzahl und so weiter ablesen können. Die Bürokratie fordert gebieterisch die Berücksichtigung ihrer Grundrechte. Vom Namen zur Nummer, – nur so kann das Gebot der Stunde lauten! Epatez le bourgeois, es lebe der Schildbürger!

BÜRGERMEISTER: Ein sonnenklarer Gedankengang. Ich erwarte ein spezifiziertes Exposé. Ich danke Ihnen. Es hat mich sehr gefreut. *(1. Sekretär setzt sich. Bürgermeister zur 2. Sekretärin:)* Und woran arbeiten Sie? *(Sie steht auf.)*

KANZLEIVORSTAND *(eifrig)*: Die junge Kollegin hat eben die dreitausend Horoskopierbüros zur charakterologischen Einstufung der Neugeborenen eingerichtet...

BÜRGERMEISTER: Ah, Sie waren das...

2. SEKRETÄRIN: Ich erhoffe mir für Schilda in etwa fünfundzwanzig bis dreißig Jahren die ersten statistisch auswertbaren Resultate...

BÜRGERMEISTER: Sehr interessant. Lassen Sie sich dann gleich bei mir melden! Ich danke Ihnen. Es hat mich sehr gefreut. *(Zum 2. Sekretär, während sie sich setzt:)* Und woran arbeiten Sie?

2. SEKRETÄR *(steht auf)*: An dem Vordrucktext für das neue Antragsformular zwecks Erlangung eines Bezugsscheines für einen Ehemann.

KANZLEIVORSTAND: Ein Meister in Vordrucktexten!

1. SEKRETÄRIN *(zum Kanzleivorstand)*: Und sein Lied?

BAUMEISTER: Was für ein Lied?

KANZLEIVORSTAND: Er hat zur Einweihung des neuen Rathauses ein Lied verfaßt.

2. SEKRETÄRIN: Ein Quartett. Wir haben es einstudiert!

BÜRGERMEISTER: Lassen Sie's hören!

KANZLEIVORSTAND *(skeptisch)*: So ohne Ansprachen und Girlanden?

BÜRGERMEISTER *(setzt sich)*: Ohne Formular, ohne Gesuch, ohne Bezugschein. Kommen Sie, Herr Stadtbaumeister! *(Baumeister setzt sich auch.)*

KANZLEIVORSTAND *(seufzend)*: Wie Sie wünschen. *(Zu den vier Kollegen:)* Also bitte! *(Sie stehen auf; der Kanzleivorstand dirigiert mit einem großen Federhalter. Musik)*

DAS RATHAUSQUARTETT *(Zwei Frauen-, zwei Männerstimmen)*:
Am Hauptportal des neuen Baus,
sei's ewig eingegraben:
»Das Rathaus ist das größte Haus,
das wir in Schilda haben!«
Wenn's kleiner wäre, wär's zu klein.
Die ganze Menschheit paßt hinein.
Das ist so, das ist so,
das ist so, und das muß so sein.
Für dieses Haus, für diese Stätte
gilt ganz genau wie für Quartette:
Warum denn solo, wenn es auch zu viert geht?
Warum denn einfach, wenn's auch kompliziert geht?

BÜRGERMEISTER und BAUMEISTER *(springen begeistert auf, stimmen ein. Die Szene gerät hier ins parodistisch Opernhafte)*: Es braust ein Ruf wie Donnerhall:
ALLE: Schilda, Schilda – ist überall!
Es klopft laut. Die Sieben stehen stumm. Es klopft wieder. Alle begeben sich korrekt an ihre Plätze. Es klopft zum drittenmal.
KANZLEIVORSTAND: Herein! *(Es kommen der Handwerker, der Fabrikant, die Mutter, der Minister und der Ortsfremde.)*
Bei dieser Gruppe keine mittelalterlichen Kostümanspielungen, sondern alltäglich gekleidet. Die Gruppe schiebt sich langsam an die Schreibtische heran. Die fünf Angestellten schreiben und meißeln, wie zu Beginn der Szene, als merkten sie nichts. Dazu die Werkmusik. Musik aus.
HANDWERKER *(tritt zu den Schreibtischen vor)*: Ich bin der Handwerker. Ich fertige Hausgeräte an. Hausgeräte sind wichtig, wie Sie wissen werden. Ich brauche Weißblech, alles andere habe ich. Auch ein paar Gesellen und Lehrlinge. Ich brauche nur Blech. Es muß Weißblech sein ...
DIE ANGESTELLTEN *(singen puppenhaft)*: Das hab'n wir nicht mehr. Das hab'n wir nicht mehr. Das krieg'n wir auch nicht wieder 'rein! *(Teils aufgeteilt, teils vierstimmig, mit leiser Begleitung, – nach einer bekannten Melodiezeile.)*
FABRIKANT *(tritt vor, während der Handwerker zur Seite geht)*: Ich bin der Fabrikant. Wir empfangen nicht gern Almosen. Wir könnten Maschinen bauen und dagegen Rohstoffe eintauschen. Geben Sie uns Material. Wir könnten Holzhäuser versandfertig liefern, wir und die Flüchtlinge bei uns. Und dafür Lebensmittel einführen. Lassen Sie uns genügend Holz. Wir brauchen nur einen Schein ...

Die Angestellten *(genau wie vorher)*: Das hab'n wir nicht mehr. Das hab'n wir nicht mehr. Das krieg'n wir auch nicht wieder rein!

Mutter *(tritt vor, während der Fabrikant zur Seite geht)*: Ich bin die Mutter. Mein Sohn hat im Krieg ein Bein verloren. Er kann nicht arbeiten, und auch ich nicht; denn einer muß sich um ihn kümmern. Wir liegen Schilda zur Last, ohne daß es nötig wäre. Er braucht eine Prothese und ein Spezialfahrrad. Ich bitte Sie sehr, – bewilligen sie meinem Sohn ein Bein ...

Die Angestellten *(genau wie vorher)*: Das hab'n wir nicht mehr. Das hab'n wir nicht mehr. Das krieg'n wir auch nicht wieder rein!

Minister *(tritt vor)*: Ich bin der Minister. Man hat mir Verantwortungen übertragen. Ich war zehn Jahre eingesperrt. Ich hätte ein Recht auf Ruhe. Statt dessen nahm ich die Verantwortung auf mich. Ich kann sie nicht länger tragen. Ich brauche auch Befugnisse! Ich brauche Macht, um Minister zu sein!

Die Angestellten *(genau wie vorher)*: Das hab'n wir nicht mehr. Das hab'n wir nicht mehr. Das krieg'n wir auch nicht wieder rein!

Minister ist zur Seite getreten. Beklemmendes Schweigen.

Bürgermeister *(steht auf, geht lächelnd zu der Gruppe der vier Abgewiesenen. Zum Minister)*: Ich begreife Ihre Lage; doch kann ich sie nicht ändern. Darf ich Ihnen einen Vorschlag machen? Wir errichten ein Forschungsinstitut zur Klärung des derzeitigen Spannungsverhältnisses zwischen Verantwortung und Vollmacht. Studieren geht über probieren. Wollen Sie? Das ist recht. Nehmen Sie Platz. Schreibtische haben wir immer.

Minister setzt sich hinter einen der noch leeren Schreibtische. Er erhält, während des nächsten Dialoges,

Schreibzeug und Kostümrequisiten, die ihn auch äußerlich den Beamten angleichen. Er beginnt Akten anzulegen.
BÜRGERMEISTER *(zur Mutter)*: Werden Sie eine der Unseren! Um helfen zu können, brauchen wir Hilfe. Einverstanden? Fein. *(Zum Kanzleivorstand:)* Abteilung Fürsorge, Sparte Prothesen und Spezialfahrzeuge für Körperbehinderte. *(Zur Mutter:)* Nehmen Sie Platz.
MUTTER *(setzt sich ängstlich)*: Ich verstehe nichts von Schreibarbeiten.
BÜRGERMEISTER: Das macht nichts. Sie werden die Bittsteller vertrösten. Ressort: Mündlicher Parteienverkehr. Ihr gutes Herz ist viel wert. *(Zum Kanzleivorstand:)* Gehaltsklasse III. *(Er geht, während die Mutter ausstaffiert wird, z. B. mit einem Heilsarmeehut, zum Fabrikanten.)* Wir suchen Fachleute. Bleiben Sie hier. Es gibt so viele Holzhäuser in Schilda, die nicht gebaut werden! Sie sollten eine Statistik anlegen. Sie könnten den Wert errechnen, besser: den Wertausfall, der sich durch Maschinenmangel ergibt. Es wären Unterlagen für die nächste große Konferenz. Wichtige Unterlagen. Sie beheben den Mangel nicht, doch sie ordnen ihn, und das heißt schon viel.
Fabrikant setzt sich, wird kostümiert, schreibt Zahlenkolonnen.
BÜRGERMEISTER *(zum Handwerker)*: Handwerkskammer, Kleinbetriebe, Haushaltswaren, Bezugscheinstelle »Metalle«, insbesondere Bleche. Wir freuen uns, Sie sinnvoll einsetzen zu können. Hier gibt es mehr für Sie zu tun als in Ihrer Werkstatt, das dürfen Sie uns getrost glauben, Meister. Sie werden die Kontingente nachprüfen. Sie werden die Wirtschaftsämter überwachen. Denn auch die Kontrolleure müssen kontrolliert

werden. Es gibt ungetreue Beamte in Schilda. Der Mensch ist leider keine ehrenwerte Maschine, sondern nur ein Lebewesen. Seien Sie ehrlich. Nehmen Sie Platz.

Handwerker setzt sich, wird ausstaffiert, blättert wichtig in den Akten.

BÜRGERMEISTER *(nickt dem Baumeister stolz zu, reibt sich die Hände, – da bemerkt er den allein dastehenden, noch nicht abgefertigten Ortsfremden)*: Und was wollen Sie?

ORTSFREMDER: Nichts.

BAUMEISTER: Das sind die Schlimmsten.

KANZLEIVORSTAND: Was verschafft uns sonst das Vergnügen?

ORTSFREMDER: Ich wollte mir diese modernste Festung der Dummheit einmal von innen ansehen. Die Zitadelle der Sterilität. Den babylonischen Turm der Begriffsverwirrung. Den Jüngsten Tag als Kolossalbüro.

DIE ANDEREN *(singen starr, gespensterhaft)*: Wir sind gar nicht dumm, – wir stellen uns nur so.

ORTSFREMDER: Hier also wird das Leben in künstlichen Schlaf versenkt. Hier werden Haare mit der Axt gespalten. Hier wird der Mut atomisiert. Hier wird die Zukunft mit Durchschlagpapier erstickt. Hier wurde das Perpetuum mobile des vollkommenen Unfugs erfunden. Mit dem geheimnisvollen Rädchen Unbekannt, das sich nur, wenn man's schmiert, dreht.

DIE ANDEREN *(singen, wie Puppen lächelnd)*: Warum denn einfach, wenn's auch kompliziert geht?

ORTSFREMDER: Hier reicht man Gesuche ein, damit ihr Papier bewilligt, damit man Gesuche schreiben kann. Hier arbeitet der große Magen, der sich selbst verdaut. Hier pflanzen sich die Schreibtische durch Zellteilung fort. Hier wird der Mensch zum rech-

nenden Pferd. Hier gibt es kein Herz, kein Fleisch und kein Bein.
DIE ANDEREN *(singen gleichmütig)*: Das hab'n wir nicht mehr. Das hab'n wir nicht mehr. Das krieg'n wir auch nicht wieder rein.
ORTSFREMDER: Der Mensch als Büroartikel. Die Not zum Abheften. Der Mangel in dreißig Instanzen. Das Minus als Plus. Die Blumen wollen auswandern, weil ihr sie zählen laßt, statt euch an ihnen zu freuen. Doch wo sollen sie hin? Auf welchen Berg, in welches Tal?
DIE ANDEREN *(singen, in idiotischem Triumphieren)*: Schilda, Schilda – ist überall!
ORTSFREMDER: Die Kinder weinen, weil ihr sie wiegt und meßt und zählt und numeriert, statt sie zu lieben. Die Zugvögel reisen ruhelos zwischen Nord und Süd hin und her und zittern vor euch, weil sie zwei Wohnungen haben. Beschlagnahmt ihre Nester. Intressiert euch für den Fall!
DIE ANDEREN *(wie eben)*: Schilda, Schilda – ist überall!
ORTSFREMDER: Ihr habt die alte Preisfrage, ob die Dummheit oder die Bosheit ärger sei, endgültig gelöst, ihr motorisierten Narren! Da draußen liegt eine Welt, die jeden Tag noch zu retten wäre. Mit ein wenig Verstand unter der Mütze. Eine Welt, die trotz aller Qual schön ist wie am ersten Tag. Aber die Dummheit wird das, was die Bosheit übriggelassen hat, auch noch zugrunde richten. Schreibt Ziffern an die ziehenden Wolken! Addiert die Grashalme! Meßt die Sprünge der Bergziegen, und multipliziert die Zahl mit der durchschnittlichen Dauer eines Kinderlächelns! Steckt Thermometer in zum Kuß halbgeöffnete Mädchenmünder! Rechnet nur alles aus. Tragt nur alles ein. O ihr lebensgefährlichen Esel!
KANZLEIVORSTAND *(zum Bürgermeister)*: Man sollte

die Anregungen aufgreifen ... *(zum Ortsfremden:)* Wir sind nicht empfindlich.

ORTSFREMDER: Wahrhaftig nicht, – was kümmert euch schon die Welt! Ihr habt ganz recht getan, euer Rathaus ohne Fenster zu bauen! Wozu braucht ihr noch Fenster!

Blitzartig ist Stille eingetreten. Die anderen, außer dem Baumeister, starren die fensterlosen Wände an.

ALLE *(außer Baumeister und Ortsfremden)*: Keine Fenster? ...

BÜRGERMEISTER *(dreht Lichtschalter aus, es wird stockdunkel, dreht wieder an, die alte Beleuchtung)*: Keine Fenster! *(Blickt den Baumeister vorwurfsvoll an.)*

KANZLEIVORSTAND *(verblüfft)*: Deswegen geht uns die Arbeit so schnell von der Hand ...

ALLE *(außer Ortsfremden und Baumeister)*: Deswegen also ...

BAUMEISTER: Es war natürlich Absicht. Die neue pragmatische Bauweise!

BÜRGERMEISTER *(unsicher)*: Ich verstehe ...

Musik. Aus der Werkstattmusik entwickelt sich, als Finale des Lehrstückes, das Fensterlied (alle).

BAUMEISTER: Früher gab es andre Kathedralen. Jetzt ist dieses Rathaus unser Dom!

ORTSFREMDER: Alle knien vorm Grünen Tisch und stammeln Zahlen. Und kein Fenster blickt hinab zum Strom ...

KANZLEIVORSTEHER: Wir brauchen keine Fenster mehr. Wir lieben das künstliche Licht.

VERTEILT: Da hat er recht. Ja, recht hat er!

KANZLEIVORSTEHER: Wir brauchen keine Fenster mehr. Sie versperren uns nur die Sicht.

ALLE *(außer dem Ortsfremden singen jubelnd)*: ... versperren uns nur, versperren uns nur, versperren uns nur die Sicht!

BÜRGERMEISTER: Unsre Macht wird immer unbegrenzter.
ORTSFREMDER: Doch die Ohnmacht wächst mit eurer Macht! Euer Hochamt ist das Amt!
ALLE ANDEREN *(grinsend)*: Er sieht Gespenster.
ORTSFREMDER: Der Papierkrieg wird die letzte Schlacht!
Die Beamten beginnen wie Automaten zu arbeiten. Dazu Werkstattmusik.
BÜRGERMEISTER: Schilda siegt!
BAUMEISTER: Das Rathaus überdauert!
DIE BEAMTEN: Wir entziffern alles durch die Zahl.
ORTSFREMDER: Unsern schönen Stern, ihr habt ihn eingemauert! Früher tönte er!
DIE ANDEREN: Das war einmal!
KANZLEIVORSTEHER: Wir brauchen keine Fenster mehr. Wir brauchen nur Maß und Gewicht.
VERTEILT: Da hat er recht. Ja, recht hat er!
ALLE *(außer dem Fremden)*: Wir brauchen keine Fenster mehr. Sie versperren uns nur die Sicht!
BÜRGERMEISTER *(im Sprechton triumphierend)*: Liebwerte Beamte und Angestellte, jetzt unsere Hymne –
ALLE *(außer dem Fremden)*: Es braust ein Ruf wie Donnerhall, Schilda, Schilda – ist überall!
Einige Takte Werkstattmusik, Klingeln, Telefonläuten, Schreibmaschinenrasseln. Ruckartig tritt Stille ein.
ORTSFREMDER *(spricht ernst und ruhig, das Fazit ziehend)*: Hochmut, Hochmut – kommt vor dem Fall.
Schlußakkord, Zwischenvorhang zu. Hauptvorhang zu. Ende.

Dezember 1947, ›Neue Zeitung‹

Das Märchen vom Glück

Siebzig war er gut und gern, der alte Mann, der mir in der verräucherten Kneipe gegenübersaß. Sein Schopf sah aus, als habe es darauf geschneit, und die Augen blitzten wie eine blankgefegte Eisbahn. »Oh, sind die Menschen dumm«, sagte er und schüttelte den Kopf, daß ich dachte, gleich müßten Schneeflocken aus seinem Haar aufwirbeln. »Das Glück ist ja schließlich keine Dauerwurst, von der man sich täglich seine Scheibe herunterschneiden kann!«

»Stimmt«, meinte ich, »das Glück hat ganz und gar nichts Geräuchertes an sich. Obwohl...« »Obwohl?« »Obwohl gerade Sie aussehen, als hinge bei Ihnen zu Hause der Schinken des Glücks im Rauchfang.« »Ich bin eine Ausnahme«, sagte er und trank einen Schluck. »Ich bin die Ausnahme. Ich bin nämlich der Mann, der einen Wunsch frei hat.«

Er blickte mir prüfend ins Gesicht, und dann erzählte er seine Geschichte. »Das ist lange her«, begann er und stützte den Kopf in beide Hände, »sehr lange. Vierzig Jahre. Ich war noch jung und litt am Leben wie an einer geschwollenen Backe. Da setzte sich, als ich eines Mittags verbittert auf einer grünen Parkbank hockte, ein alter Mann neben mich und sagte beiläufig: ›Also gut. Wir haben es uns überlegt. Du hast drei Wünsche frei.‹ Ich starrte in meine Zeitung und tat, als hätte ich nichts gehört. ›Wünsch dir, was du willst‹, fuhr er fort, ›die schönste Frau oder das meiste Geld oder den größten Schnurrbart – das ist deine Sache. Aber werde endlich glücklich! Deine Unzufriedenheit geht uns auf die Nerven.‹ Er sah aus wie der Weihnachtsmann in Zivil. Weißer Vollbart, rote Apfelbäckchen, Augenbrauen wie aus Christbaumwatte. Gar nichts Verrücktes. Vielleicht ein bißchen zu gutmütig. Nachdem ich ihn eingehend betrachtet hatte, starrte ich wieder in meine Zeitung. ›Obwohl es uns nichts angeht, was du mit deinen drei Wünschen machst‹, sagte er, ›wäre es natürlich kein Fehler, wenn du dir die Angelegenheit vorher genau überlegtest. Denn drei Wünsche sind nicht vier Wünsche oder fünf, sondern drei. Und wenn du hinterher noch immer neidisch und unglücklich wärst, könnten wir dir und uns nicht mehr helfen.‹ Ich weiß nicht, ob Sie sich in meine Lage versetzen können. Ich saß auf einer Bank und haderte mit Gott und der Welt. In der Ferne klingelten die Straßenbahnen. Die Wachtparade zog irgendwo mit Pauken und Trompeten zum Schloß. Und neben mir saß nun dieser alte Quatschkopf!«

»Sie wurden wütend?«

»Ich wurde wütend. Mir war zumute wie einem Kessel kurz vorm Zerplatzen. Und als er sein weißwattiertes Großvatermündchen von neuem aufmachen wollte, stieß ich zornzitternd hervor: ›Damit Sie alter Esel mich nicht länger duzen, nehme ich mir die Freiheit, meinen ersten und innigsten Wunsch auszusprechen – scheren Sie sich zum Teufel!‹ Das war nicht fein und höflich, aber ich konnte einfach nicht anders. Es hätte mich sonst zerrissen.«

»Und?«

»Was ›Und‹?«

»War er weg?«

»Ach so! – Natürlich war er weg! Wie fortgeweht. In der gleichen Sekunde. In nichts aufgelöst. Ich guckte sogar unter die Bank. Aber dort war er auch nicht. Mir wurde ganz übel vor lauter Schreck. Die Sache mit den Wünschen schien zu stimmen! Und der erste Wunsch hatte sich bereits erfüllt! Du meine Güte! Und wenn er sich erfüllt hatte, dann war der gute, liebe, brave Großpapa, wer er nun auch sein mochte, nicht nur weg, nicht nur von meiner Bank verschwunden, nein, dann war er beim Teufel! Dann war er in der Hölle! ›Sei nicht albern‹, sagte ich zu mir selber. ›Die Hölle gibt es ja gar nicht, und den Teufel auch nicht.‹ Aber die drei Wünche, gab's denn die? Und trotzdem war der alte Mann, kaum hatte ich's gewünscht, verschwunden ... Mir wurde heiß und kalt. Mir schlotterten die Knie. Was sollte ich machen? Der alte Mann mußte wieder her, ob's nun eine Hölle gab oder nicht. Das war ich ihm schuldig. Ich mußte meinen zweiten Wunsch dransetzen, den zweiten von dreien, o ich Ochse! Oder sollte ich ihn lassen, wo er war? Mit seinen hübschen, roten Apfelbäckchen? ›Bratapfelbäckchen‹, dachte ich schaudernd. Mir blieb keine Wahl. Ich schloß die Augen und flüsterte ängstlich: ›Ich wünsche mir, daß der alte Mann wieder neben mir sitzt!‹ Wissen Sie, ich habe mir jahrelang, bis in den Traum hinein, die bittersten Vorwürfe gemacht, daß ich den zweiten Wunsch auf diese Weise verschleudert habe, doch ich sah damals keinen Ausweg. Es gab ja auch keinen ...«

»Und?«

»Was ›Und‹?«

»War er wieder da?«

»Ach so! – Natürlich war er wieder da! In der nämlichen Sekunde. Er saß wieder neben mir, als wäre er nie fortgewünscht gewesen. Das heißt, man sah's ihm schon an, daß er ..., daß er irgendwo gewesen war, wo es verteufelt, ich meine, wo es sehr heiß sein mußte. O ja. Die buschigen, weißen Augenbrauen waren ein bißchen verbrannt. Und der schöne Vollbart hatte auch etwas gelitten. Besonders an den Rändern. Außerdem roch's wie nach versengter Gans. Er blickte mich vorwurfsvoll an. Dann zog er ein Bartbürstchen aus der

Brusttasche, putzte sich Bart und Brauen und sagte gekränkt: ›Hören Sie, junger Mann – fein war das nicht von Ihnen!‹ Ich stotterte eine Entschuldigung. Wie leid es mir täte. Ich hätte doch nicht an die drei Wünsche geglaubt. Und außerdem hätte ich immerhin versucht, den Schaden wieder gutzumachen. ›Das ist richtig‹, meinte er. ›Es wurde aber auch die höchste Zeit.‹ Dann lächelte er. Er lächelte so freundlich, daß mir fast die Tränen kamen. ›Nun haben Sie nur noch einen Wunsch frei‹, sagte er, ›den dritten. Mit ihm gehen Sie hoffentlich ein bißchen vorsichtiger um. Versprechen Sie mir das?‹ Ich nickte und schluckte. ›Ja‹, antwortete ich dann, ›aber nur, wenn Sie mich wieder duzen‹. Da mußte er lachen. ›Gut, mein Junge‹, sagte er und gab mir die Hand. ›Leb wohl. Sei nicht allzu unglücklich. Und gib auf deinen letzten Wunsch acht.‹ – ›Ich verspreche es Ihnen‹, erwiderte ich feierlich. Doch er war schon weg. Wie fortgeblasen.«

»Und?«

»Was ›Und‹?«

»Seitdem sind Sie glücklich?«

»Ach so. – Glücklich?« Mein Nachbar stand auf, nahm Hut und Mantel vom Garderobenhaken, sah mich mit seinen blitzblanken Augen an und sagte: »Den letzten Wunsch hab' ich vierzig Jahre lang nicht angerührt. Manchmal war ich nahe daran. Aber nein. Wünsche sind nur gut, solange man sie noch vor sich hat. Leben Sie wohl.«

Ich sah vom Fenster aus, wie er über die Straße ging. Die Schneeflocken umtanzten ihn. Und er hatte ganz vergessen, mir zu sagen, ob wenigstens er glücklich sei. Oder hatte er mir absichtlich nicht geantwortet? Das ist natürlich auch möglich.

Herbst 1947, ›Schaubude‹

Kleines Solo

Einsam bist du sehr alleine.
Aus der Wanduhr tropft die Zeit.
Stehst am Fenster. Starrst auf Steine.
Träumst von Liebe. Glaubst an keine.
Kennst das Leben. Weißt Bescheid.
Einsam bist du sehr alleine –
   und am schlimmsten ist die Einsamkeit zu zweit.

Wünsche gehen auf die Freite.
Glück ist ein verhexter Ort.
Kommt dir nahe. Weicht zur Seite.
Sucht vor Suchenden das Weite.

Ist nie hier. Ist immer dort.
Stehst am Fenster. Starrst auf Steine.
Sehnsucht krallt sich in dein Kleid.
Einsam bist du sehr alleine –
   und am schlimmsten ist die Einsamkeit zu zweit.

Schenkst dich hin. Mit Haut und Haaren.
Magst nicht bleiben, wer du bist.
Liebe treibt die Welt zu Paaren.
Wirst getrieben. Mußt erfahren,
daß es *nicht* die Liebe ist ...
Bist sogar im Kuß alleine.
Aus der Wanduhr tropft die Zeit.
Gehst ans Fenster. Starrst auf Steine.
Brauchtest Liebe. Findest keine.
Träumst vom Glück. Und lebst im Leid.
Einsam bist du sehr alleine –
   und am schlimmsten ist die Einsamkeit zu zweit.

Frühjahr 1948, ›Schaubude‹. Die beiden Märchen waren ursprünglich Teil einer Vorlesung in der Zürcher Technischen Hochschule. Sie sollten auf metaphorische Weise dem Schweizer Publikum die Zustände in Deutschland nahebringen.

Gleichnisse der Gegenwart

1. Das Märchen von den kleinen Dingen

Es war einmal ein Land, in dem gab es keine Zündhölzer. Und keine Sicherheitsnadeln. Und keine Stecknadeln. Und keine Nähnadeln. Und kein Garn zum Stopfen. Und keine Seide und keinen Zwirn zum Nähen. Und kein Seifenpulver. Und kein Endchen Gummiband weit und breit, und schmales auch nicht. Und keine Kerzen. Und keine Glühbirnen. Und keine Töpfe. Und kein Glas und keinen Kitt. Und kein Bügeleisen. Und kein Bügelbrett. Und keinen Nagel. Und keine Schere. Und keinen Büstenhalter. Und keine Schnürsenkel. Und kein Packpapier. Und keinen Gasanzünder. Da wurden die Einwohner des Landes ziemlich traurig. Denn erstens fehlten ihnen alle diese kleinen Dinge, die das Leben bekanntlich versüßen und vergolden. Zweitens wußten sie, daß sie selber daran schuld waren. Und drittens kamen immer Leute aus anderen Ländern und erzählten ihnen, daß sie daran schuld wären. Und sie dürften es nie vergessen. Die Menschen in dem Land hätten nun furchtbar gern geweint. Aber Taschentücher hatten sie auch nicht.

Da faßten sie sich endlich ein Herz und sagten: »Wir wollen lieber arbeiten statt zu weinen. Zur Arbeit braucht man keine Taschentücher.« Und nun gingen sie also hin und wollten arbeiten. Das hätte ihnen bestimmt sehr gut getan, denn die meisten von ihnen besaßen keine Phantasie. Und wenn Menschen ohne Phantasie nichts mehr haben und auch nicht arbeiten dürfen, kommen sie leicht auf dumme Gedanken.

Aber es war leider nichts zum Arbeiten da. Kein Handwerkszeug. Kein Holz. Kein Eisen. Keine Maschinen. Kein Geld. Da gingen sie wieder nach Hause, setzten sich auf ihren zerbrochenen Stuhl und warteten. Nebenan lief ein Radio. Sie konnten gut mithören, denn in der Wohnung nebenan gab es keine Fensterscheiben und bei ihnen auch nicht, und der Radioapparat war kaputt und konnte nicht mehr auf »leise« eingestellt werden. Sie hörten also mit und erfuhren durch einen gelehrten Vortrag, daß das Land so zerstört sei, daß dreißig Kubikmeter Schutt auf den Kopf der Bevölkerung kämen. »Dreißig Kubikmeter Schutt auf meinen Kopf?« sagte da ein alter Mann in der kahlen, kalten Stube. »Ein Filzhut wäre mir lieber. Oder eine Schaufel Erde.« Und das Radio erzählte dann noch, daß sie selber alle daran schuld wären. Und sie dürften es nie vergessen. Die Leute nickten müde mit dem Kopf und den dreißig Kubikmetern Schutt darüber...

Als sie zweieinhalbes Jahr auf dem zerbrochenen Stuhl gesessen, eine Menge Radiovorträge gehört und keine Arbeit gefunden hatten, kam ihnen der Gedanke, daß sich ihr Leben vielleicht nicht lohne und daß sie es fortwerfen sollten. Außer der Schuld besaßen sie nichts. Und eine Schuld kann so groß sein, wie sie will – so sehr hängt man nicht an ihr, daß man lediglich deswegen weiteratmen möchte. Nun wollten sie sich also umbringen. Sie freuten sich richtig darauf. Erst dachten sie daran, den Gashahn aufzudrehen. Aber es war Gassperre. Da wollten sie sich am Fenstergriff aufhängen. Aber es gab keinen Bindfaden in dem Lande. Und einen Fenstergriff gab's auch nicht. Da wollten sie sich erschießen. Doch man hatte ihnen das Gewehr weggenommen, damit sie keinen Unfug anrichteten. Nun wollten sie ja keinen Unfug stiften, sondern nur sich umbringen! Doch so ganz ohne Gewehr kann man nicht einmal auf sich selber schießen. Als sie das eingesehen hatten, liefen sie in die Apotheken, um Gift zu holen. Aber die Apotheken hatten nichts zu verkaufen, nichts fürs Leben und nichts für den Tod...

Da gingen sie wieder nach Hause und gaben, nach dem Leben, auch noch das Sterben auf. Das war ein schwerer Entschluß für sie. Sie weinten diesmal sogar ein wenig. Obwohl sie immer noch kein Taschentuch besaßen. Ein Fremder, der ihnen durchs Fenster zusah, sagte ärgerlich, sie sollten sich bloß nicht bedauern. Sie seien an allem selber schuld, und sie dürften das nie vergessen. Da hörten sie auf zu weinen und blickten zu Boden. Der Fremde ging. Sie setzten sich nun wieder auf ihren Stuhl und betrachteten ihre leeren Hände.

Und wenn sie nicht verhungert sind, leben sie heute noch...

2. Das Gleichnis von den Knöpfen

Es war einmal ein Mann, der hatte großes Unrecht getan. Er hatte andere überfallen, geschlagen und geplündert, und als ihn die anderen dann doch überwältigt hatten, war er sich nicht im Zweifel, daß sie das Recht und die Macht besaßen, sich an ihm schadlos zu halten. Aber er war arm und elend und wußte nicht recht, was er ihnen an Nützlichem geben könnte, und die anderen umstanden ihn prüfend und wußten nicht, was nehmen.

Sie hielten Rat, machten Vorschläge und kamen nicht zu Rande, bis einer von ihnen sagte: »Er mag uns seinen Anzug geben. Er hat zwar ein paar Löcher und Flicken. Doch vielleicht kann ihn einer von uns zur

Arbeit tragen. Oder wir geben einem die Jacke, einem zweiten die Weste und mir die Hose.« – »Nein«, meinte darauf ein anderer, »den Anzug müssen wir ihm lassen. Es ist sein letzter. Nehmen wir ihm den, so ist das weder klug noch christlich gehandelt. Auch schön aussehen wird er im bloßen Hemde nicht. Und dann – eines Tages wird er wieder ein wenig Geld haben. Dann können wir ihm eine Krawatte verkaufen, oder einen Strohhut oder einen Stock. Aber natürlich nur, wenn er noch seinen Anzug hat! Ohne Anzug wird er sich nicht für den Schlips interessieren und für einen Strohhut auch nicht.«

Sie versanken in Nachdenken, bis einer ausrief: »Ich hab's! Wir nehmen ihm seine Knöpfe. Knöpfe kann man immer einmal brauchen, und leicht zwischen uns teilen lassen sie sich außerdem!« Dieser Vorschlag gefiel allen ausnehmend. Sie gingen zu ihm hin und sprachen: »Wir wollen von deinem Anzug nur die Knöpfe. Da hast du eine Schere. Schneide die Knöpfe für uns ab! Eine nützliche Beschäftigung kann dir sowieso nicht schaden!«

Da fiel der arme Mann vor ihnen auf die Knie und bat, man möge ihm die Knöpfe lassen. Sie seien doch für ihn und seinen Anzug und den ferneren Lebensweg notwendig, viel notwendiger als für sie. Die anderen blickten ihn unwillig an. »Daß wir nur deine Knöpfe wollen«, sagten sie, »ist recht großmütig von uns. Du solltest das einsehen. Mach dich an die Arbeit.«

Nun ging der Mann in eine Ecke und fing an, sämtliche Knöpfe abzuschneiden. Die Knöpfe an den Ärmeln und vorn an der Jacke, alle Westenknöpfe und zum Schluß, mit Zittern und Zagen, die für die Hosenträger und die anderen, kleinen, die schon aus Gründen des Takts so notwendig sind – die auch!

Als er mit dem schmerzlichen Geschäft fertig war, brachte er alle seine Knöpfe – und die Schere natürlich auch – zu den anderen hinüber. »Nun also«, sagten sie, »das ist recht. Jetzt sind wir mit dir quitt. Und wenn du fleißig arbeitest, verkaufen wir dir später auch einmal eine hübsche, bunte Krawatte.« – »Ich werde nicht viel arbeiten können«, antwortete der Mann, »und Krawatten werde ich mir auch nie wieder binden können.« – »Warum denn nicht?« fragten sie erstaunt. »Weil ich meine Hände«, erwiderte er bekümmert, »für den Rest meines Lebens nur noch zu einem Zwecke werde brauchen müssen – mir die Hosen festzuhalten!« – »Fängst du schon wieder an?« fragten sie spitz und dann gingen sie, mit der Schere und den Knöpfen, ihres Wegs.

Der Mann aber stand bis in seinen Lebensabend hinein am gleichen Fleck und hielt sich krampfhaft die Hosen. Das sah nicht sehr schön aus, und die Vorübergehenden blickten jedesmal zur Seite... Ja, und die Knöpfe! Die Knöpfe lagen bei den anderen in einem Schubfach, in das man Dinge tut, die man sich aus unbegreiflichen Gründen nicht entschließen kann fortzuwerfen.

Februar 1948, ›Neue Zeitung‹

Catch as catch can

Die Halle, wo sonst in bunt gefälligem Wechsel Konzerte, Operetten- und Varietéabende stattfinden, war seit einer Woche bis auf den letzten Winkel ausverkauft. »Mindestens tausend Menschen haben wir wegschicken müssen«, sagte der Veranstalter, zur Hälfte stolz und halb verzweifelt. Er wickelte seit Tagen eine »Internationale Ringkampfkonkurrenz« ab, und heute standen nicht nur die üblichen fünf Paarungen im griechisch-römischen Stile zu erwarten – das wäre mitten im Winter, also in dieser von den Ringkämpfern bevorzugten Paarungszeit, höchstens Anlaß für ein mäßig oder mittelmäßig besuchtes Haus gewesen –, nein, es war auch eine Begegnung im freien Stil angekündigt, ein Herausforderungskampf bis zur Entscheidung, und die Feinschmecker unter den Fachleuten prophezeiten uns Laien eine athletische Delikatesse.

Das Wort »Freistil« deckt sich nicht ganz mit dem Sachverhalt. Es wird zwar außerordentlich »frei« gekämpft. Aber von »Stil« ist dabei weniger die Rede. Die englische Floskel »Catch as catch can« trifft genauer. Übersetzt heißt das ungefähr soviel wie »Greif zu, wo's was zum Zugreifen gibt«. Die Herren Gegner dürfen nach Herzenslust greifen und packen, zwicken und zwacken, schlagen, strangulieren, reißen, biegen, dehnen und treten, was ihnen vom Körper des andern in die Finger, vor die Fäuste, zwischen die Hände, Arme und Beine oder auch vor den als Rammbock recht verwendbaren Kopf gerät. Eisenhämmer und Äxte dürfen sie allerdings nicht mitbringen, hier hat man ihrem Spieltriebe Grenzen gesetzt. Und dann ist noch etwas verboten, was dem Laien angesichts einer derartig gründlichen Holzerei als Bagatelle erscheinen könnte: sie dürfen einander nicht an den Kopfhaaren ziehen. Der Ringrichter schaut, soweit seine eigene Existenz nicht gerade gefährdet ist, gelassen zu, wie der eine, mit lustbetonten Zügen, die Zehen des anderen verbiegt, oder wie dieser andere, gebückt und den Schädel vorneweg, in die Magengrube des einen hineinrast. Solche und ähnliche Divertissements findet der Herr mit der Trillerpfeife gesund, notwendig und angemessen. Doch kaum sucht einer den anderen am Schopf zu zupfen, springt er, empört trillernd, dazwischen, und der ertappte Übeltäter läßt auf der Stelle die Locke des Gegners fahren, der ihm, nun wieder ungestört, mit der Faust auf den Magen trommeln oder den Kopf abreißen darf. Spielregeln haben, übrigens nicht nur im Sport, ihre Geheimnisse. In manchen Fällen ist man versucht, dahinter nichts weiter zu vermuten als die kichernde Willkür der Regelstifter. Schreckliches gilt für erlaubt, Lappalien sind verboten, die Spielregeln werden befolgt, die Stifter lachen sich noch nach ihrem Ableben ins Fäustchen.

Doch wir kommen vom Freistilringen zu weit ab. Der Herausforderer war ein Herr aus München, untersetzt, älteren Jahrgangs und, sieht man von seinem Nußknackerkinn ab, ein freundlicher Kleinbürger und Familienvater. Der Herausgeforderte war ein junger Athlet, ein Herr aus Prag, ein Liebling der Frauen und, sieht man von seiner Stupsnase ab, ein schöner Mann. Der Ausgang schien wohl niemandem sonderlich zweifelhaft. Doch die erste Runde brachte die von beiden gesuchte Entscheidung noch nicht. Sie taten einander so recht von Herzen weh. Sie stöhnten abwechselnd, sie taten's im Duett. Oft genug war es dem Außenstehenden nicht mehr möglich, die verrenkten und ineinander verschlungenen Arm- und Beinpaare ordnungsgemäß auseinanderzuhalten. Bekam man gelegentlich ihrer beider verzerrte, gequälte Mienen zu Gesicht, so ging einem Lessings Traktat über die Laokoongruppe durch den Kopf. Dann wieder schrak man zusammen. So etwa, wenn der eine den Schädel des andern beim Wickel hatte, mit dem unbeschäftigten Arm weit ausholte und, den Körperschwung voll ausnutzend, dem Festgehaltenen mit der Faust ins Gesicht schlug. Der Erfolg war jedesmal probat. Der Geschlagene fiel um oder torkelte benommen durch den Ring, bis ihn die im Viereck gespannten Seile aufhielten.

Im Verlauf eines solchen unheimlichen Fausthiebs fand der Kampf denn auch, in der zweiten Runde, sein überraschendes Ende. Der ältere Herr aus München befand sich, wie man es wohl nennt, auf der Verliererstraße. Er hatte den Gegner, dessen Haupt zwischen den Knien rollend, sehr verstimmt, und anschließend einen der eben beschriebenen wütenden Faustschläge auf sein hierfür geradezu prädestiniertes Nußknackerkinn einstecken müssen. Er torkelte rückwärts. Die Seile hielten den Taumelnden auf. Der junge Herr aus Prag duckte sich wie ein Panther, um dem schwankenden, halb betäubten Familienvater, von der Mitte des Rings aus, Kopf vorneweg, geradewegs in die Rippen zu springen. Er sprang, wuchtig und elegant, wirklich einem Raubtier gleichend, auf sein Ziel los; doch in einer Zehntelsekunde, eben während des Sprungs, fiel der Herr aus München, in einer Mischung aus Entkräftung und List, zu Boden, und der andere schoß, von keinem feindlichen Brustkorb aufgehalten, zwischen dem obersten und mittleren Seil hindurch aus dem Ring hinaus ins Ungewisse. Er fiel, wie sich später herausstellte, in die Gasse zwischen den Stuhlreihen, nicht in den Schoß der Schönen und schon gar nicht wie ein Panther. Mittlerweile erhob sich der andere, schaute sich suchend um, fand sich allein und ging, unterm Toben der Menge, gütlich lächelnd in seine Ecke. Der Schiedsrichter zählte ziemlich lange. Bei »Zehn« stand der Sieger fest. Bei »Sechzehn« tauchte der Kopf des Verlierers, ziemlich verblüfft, am Ring auf. Die Zuschauer tobten und jubelten noch bei »Sechsundneunzig«.

Die Gladiatorentragödie hatte ihr satirisches Nachspiel. Als wir aufstanden, um zu gehen, sagte hinter uns eine klägliche Stimme: »Endlich! Endlich komme ich hier heraus!« Wir sahen uns um. Die Stimme gehörte zu einer alten, zerbrechlichen Dame, die der Verzweiflung nahe schien. »Warum gehen Sie denn auch zu einer solchen Viecherei«, fragte einer, »wenn Sie so schwache Nerven haben?« »Ach«, jammerte sie, »ich habe mich ja bloß im Datum geirrt! Mein Billett gilt eigentlich erst morgen!« »Was ist denn hier morgen los?« Sie blickte uns wie ein sterbendes Reh an. Dann flüsterte sie: »Philharmonisches Konzert.«

März 1948, ›Neue Zeitung‹

Das Märchen von der Vernunft

Es war einmal ein netter alter Herr, der hatte die Unart, sich ab und zu vernünftige Dinge auszudenken. Das heißt: zur Unart wurde seine Gewohnheit eigentlich erst dadurch, daß er das, was er sich jeweils ausgedacht hatte, nicht für sich behielt, sondern den Fachleuten vorzutragen pflegte. Da er reich und trotz seiner plausiblen Einfälle angesehen war, mußten sie ihm, wenn auch mit knirschenden Ohren, aufs geduldigste zuhören. Und es gibt gewiß für Fachleute keine ärgere Qual als die, lächelnden Gesichts einem vernünftigen Vorschlage zu lauschen. Denn die Vernunft, das weiß jeder, vereinfacht das Schwierige in einer Weise, die den Männern vom Fach nicht geheuer und somit ungeheuerlich erscheinen muß. Sie empfinden dergleichen zu Recht als einen unerlaubten Eingriff in ihre mühsam erworbenen und verteidigten Befugnisse. Was, fragt man sich mit ihnen, sollten die Ärmsten wirklich tun, wenn nicht sie herrschten, sondern statt ihrer die Vernunft regierte! Nun also.

Eines Tages wurde der nette alte Herr während einer Sitzung gemeldet, an der die wichtigsten Staatsmänner der Erde teilnahmen, um, wie verlautete, die irdischen Zwiste und Nöte aus der Welt zu schaffen. »Allmächtiger!« dachten sie. »Wer weiß, was er heute mit uns und seiner dummen Vernunft wieder vorhat!« Und dann ließen sie ihn hereinbitten. Er kam, verbeugte sich ein wenig altmodisch und nahm Platz. Er lächelte. Sie lächelten. Schließlich ergriff er das Wort.

»Meine Herren Staatshäupter und Staatsoberhäupter«, sagte er, »ich habe, wie ich glaube, einen brauchbaren Gedanken gehabt; man hat ihn auf seine praktische Verwendbarkeit geprüft; ich möchte ihn in Ihrem Kreise vortragen. Hören Sie mir, bitte, zu. Sie sind es nicht mir, doch der Vernunft sind Sie's schuldig.« Sie nickten, gequält lächelnd, mit ihren Staatshäuptern, und er fuhr fort: »Sie haben sich vorgenommen, Ihren Völkern Ruhe und Frieden zu sichern, und das kann zunächst und vernünftigerweise, so verschieden Ihre ökonomischen Ansichten auch sein mögen, nur bedeuten, daß Ihnen an der Zufriedenheit aller Erdbewohner gelegen ist. Oder irre ich mich in diesem Punkte?«

»Bewahre!« riefen sie. »Keineswegs! Wo denken Sie hin, netter alter Herr!« »Wie schön!« meinte er. »Dann ist Ihr Problem gelöst. Ich beglückwünsche Sie und Ihre Völker. Fahren Sie heim, und bewilligen Sie aus den Finanzen Ihrer Staaten, im Rahmen der jeweiligen Verfassung und geschlüsselt nach Vermögen, miteinander einen Betrag, den ich genauestens habe errechnen lassen und zum Schluß nennen werde! Mit dieser Summe wird folgendes geschehen: Jede Familie in jedem Ihrer Länder erhält eine kleine, hübsche Villa mit sechs Zimmern, einem Garten und einer Garage sowie ein Auto zum Geschenk. Und da hintendrein der gedachte Betrag noch immer nicht aufgebraucht sein wird, können Sie, auch das ist kalkuliert, in jedem Ort der Erde, der mehr als fünftausend Einwohner zählt, eine neue Schule und ein modernes Krankenhaus bauen lassen. Ich beneide Sie. Denn obwohl ich nicht glaube, daß die materiellen Dinge die höchsten irdischen Güter verkörpern, bin ich vernünftig genug, um einzusehen, daß der Frieden zwischen den Völkern zuerst von der äußeren Zufriedenheit der Menschen abhängt. Wenn ich eben sagte, daß ich Sie beneide, habe ich gelogen. Ich bin glücklich.« Der nette alte Herr griff in seine Brusttasche und zündete sich eine kleine Zigarre an.

Die übrigen Anwesenden lächelten verzerrt. Endlich gab sich das oberste der Staatsoberhäupter einen Ruck und fragte mit heiserer Stimme: »Wie hoch ist der für Ihre Zwecke vorgesehene Betrag?« »Für *meine* Zwekke?« fragte der nette alte Herr zurück, und man konnte aus seinem Ton ein leichtes Befremden heraushören. »Nun reden Sie schon!« rief das zweithöchste Staatsoberhaupt unwillig. »Wieviel Geld würde für den kleinen Scherz gebraucht?«

»Eine Billion Dollar«, antwortete der nette alte Herr ruhig. »Eine Milliarde hat tausend Millionen, und eine Billion hat tausend Milliarden. Es handelt sich um eine Eins mit zwölf Nullen.« Dann rauchte er wieder an seiner kleinen Zigarre herum.

»Sie sind wohl vollkommen blödsinnig!« schrie jemand. Auch ein Staatsoberhaupt.

Der nette alte Herr setzte sich gerade und blickte den Schreier verwundert an. »Wie kommen Sie denn darauf?« fragte er. »Es handelt sich natürlich um viel Geld. Aber der letzte Krieg hat, wie die Statistik ausweist, ganz genau soviel gekostet!«

Da brachen die Staatshäupter und Staatsoberhäupter in tobendes Gelächter aus. Man brüllte geradezu. Man schlug sich und einander auf die Schenkel, krähte wie am Spieß und wischte sich die Lachtränen aus den Augen.

Der nette alte Herr schaute ratlos von einem zum andern. »Ich begreife Ihre Heiterkeit nicht ganz«, sagte er. »Wollen Sie mir gütigst erklären, was Ihnen solchen Spaß macht? Wenn ein langer Krieg eine Billion Dollar gekostet hat, warum sollte dann ein langer Frieden nicht dasselbe wert sein? Was, um alles in der Welt, ist denn daran komisch?«

Nun lachten sie alle noch lauter. Es war ein rechtes

Höllengelächter. Einer konnte es im Sitzen nicht mehr aushalten. Er sprang auf, hielt sich die schmerzenden Seiten und rief mit der letzten ihm zu Gebote stehenden Kraft: »Sie alter Schafskopf! Ein Krieg – ein Krieg ist doch etwas ganz anderes!«

Die Staatshäupter, der nette alte Herr und ihre lustige Unterhaltung sind völlig frei erfunden. Daß der Krieg eine Billion Dollar gekostet hat und was man sonst für denselben Betrag leisten könnte, soll, versichert eine in der »Frankfurter Neuen Presse« zitierte amerikanische Statistik, hingegen zutreffen.

Frühjahr 1948, ›Schaubude‹

Die lustige Witwe

Schäbig elegant. Lehnt an einer Baracke. Frau von dem Typ, der »sowas früher nicht nötig gehabt hätte«. Musikvorschlag: Wenn möglich mitunter Lehár-Reminiszenzen, aber sinngemäß entstellt.

1.

Ich bin die lust'ge Witwe,
rotes Haar und weiße Haut.
Lust'ge Witwe wird man heute
schneller noch als früher Braut.

Das Herz ging hops. Das Übrige verschwend ich.
Ich mache Frühjahrsausverkauf mit mir.
Das Herz ist schwach. Der Rest ist hochprozentig.
Das Herz ist tot, die Bluse ist lebendig.
Mir geht's wie um die Ecke dem elektrischen Klavier:

Mensch, steck Zaster in den Kasten,
und schon wackeln alle Tasten,
und schon geht der Lust'ge-Witwen-Walzer los,
ohne Ruh'n und ohne Rasten,
willst du noch 'nen Kuß? da hast'n,
und nun Damenwahl, na *was* denn!
Die lust'ge Witwe ist mal wieder – ganz groß!

2.

Ich bin die lust'ge Witwe
und tu ernsten Menschen leid.
Lust'ge Witwen, liebe Leute,
sind so lustig wie die Zeit!

Wo alles schiebt, schieb ich wie irgendeiner.
Ich handle schwarz mit meinem weißen Fell.
Ein Kunststück kann ich, Schatz, das kann sonst
 keiner:
Ich schiebe, doch – mein Lager wird nicht kleiner!
 (lacht)
Komm, bring mich um die Ecke, das Klavier steht im
 Hotel:

Mensch, steck Zaster in den Kasten,
und schon wackeln alle Tasten,
ohne Seele, doch die Technik ist famos!
Witwen gibt es wunderbare, –
grüne Augen, rote Haare,
schwarzer Markt und weiße Ware!
Die lust'ge Witwe ist mal wieder – *(schreit)* laß los!

3.

Ich bin die lust'ge Witwe,
grau die Haut, die Augen rot.
Nächstens lest ihr in der Zeitung:
»Lust'ge Witwe lacht sich tot.«

Mensch, nimm den Mund von meinem müden
    Munde...
Such dir ein andres zahmes Spielzeugtier...
Ach nein! Bleib hier! Und schmeiß noch eine Runde!
Ich kann nicht mehr allein sein, – keine Stunde!
Begleite mich bis morgen früh! Es lebe das Klavier:

Leg den Zaster auf den Kasten!
An der Lampe wehn die Quasten,
und schon geht der Lust'ge-Witwen-Walzer los!
Das wär nichts für Gymnasiasten,
auch die Großpapas erblaßten,
willst du noch 'nen Kuß? da hast'n,
ohne Ruh'n und ohne Rasten,
und die Hände sind die Tasten,
bitte Damenwahl, na *was* denn!
Die lust'ge Witwe ist mal wieder – ganz groß!

Mänadische Geste; dann Erschrecken über sich; dann Hände entsetzt an die Ohren; dann Musik aus, Licht aus.

April 1948, ›Pinguin‹. Die Kriegsgefahr und die Kriegspsychose nahmen immer mehr überhand.

Gespräch im Grünen

Man kann wieder im Freien sitzen. Die ersten Blumen stehen an den Parkwegen. Und ein paar notdürftig reparierte Bänke. Aus Italien und Nordafrika importierte warme Luft ist überall erhältlich. Jeder ist bezugsberechtigt. Mit der Währungsreform hat die Sache auch nichts zu tun. Man kann sich's leisten. »Gestatten?« »Bitte.« Man nimmt Platz. »Wundervoller Tag!« »Mm.« »Zigarette?« »Oh! Danke vielmals.« Sogar das Feuerzeug funktioniert. »So in Gedanken, Herr Nachbar?« »Ich überlege mir gerade, ob die Bauern den heutigen Tag zu trocken oder zu naß finden werden.« »Beides, Herr Nachbar.« »Haha!«

Hunde spielen auf der grünen Wiese. Blaumeisen, kleine, piepsende Federbälle, purzeln von Zweig zu Zweig. Ein zwölfjähriges Mädchen führt den jüngeren Bruder an der Hand, einen dicken Däumling mit großen runden Augen. Vor Neugier fallen sie ihm fast aus dem Gesicht. Am Wegrand blinkert eine Rabatte gelber und violetter Stiefmütterchen. Sie sehen aus wie Katzenköpfchen auf Stielen. Bellen und Lachen weht in der Luft, und eine winzige gefiederte Wolke. Und weit und breit kein Flugzeug...

»Einen Blick in meine Zeitung werfen?« »Warum? Was haben Sie gegen mich?« »Haha.« Ein unermeßlicher Genuß: die Beine weit von sich zu strecken. Dabei so simpel. Billig. Von keiner Behörde bewirtschaftet. Von niemandem verboten. Oder doch etwa? Ein Schild: Es ist untersagt, die Beine...? Nein. Nur: Bürger, schont eure Anlagen! Na ja, das tun die meisten sowieso. »Man ärgert sich bloß drüber!« »Bitte, Herr Nachbar?« »Ich meine, man ärgert sich bloß, wenn man die Zeitung liest!« »Nur zu wahr, Herr Nachbar. Nur zu wahr.« Das dort links ist ein ..., wie heißt er gleich? Hat so merkwürdige Blätter. – Japanisch, wenn ich nicht irre. Goethe hat darüber geschrieben. Natürlich hat er. Brachte ein Exemplar des Baums nach Weimar. Daß mir der Name ... Eine Art Kreuzung zwischen Laub- und Nadelbaum, jawohl. Herrjeh, das Gedächtnis, es ist zum ... Andrerseits: wenn man alles im Kopf behielte, was man einmal gelernt oder gelesen hat? Nein. Auch nicht schön. Gar nicht schön. Ganz und gar nicht schön. Vergessen können. Gepäck fortwerfen. Das Gehirn frei machen für Neues. Das ist viel gescheiter. Und erhält gescheiter. Geht wie mit den Sandsäcken beim Ballon. Der Horizont ist die Hauptsache. So ist es. Im Grunde also ein gutes Zeichen, daß mir der komische Baum ... Ein himmlischer Tag! Und so viele hübsche Beine unterwegs! Nanu, genau das gleiche Kleid hatte doch ... Vergessen können, mein Lieber. Das Gehirn frei machen. Der Horizont ist die Hauptsache ... Gingko heißt der Baum! Gingko biloba. Natürlich. Hätte mir wirklich nicht einzufallen brauchen. Unnötiger Ballast. Gingko biloba. Meinetwegen.

»Ob's Krieg gibt?« »Krieg? Glaub ich nicht, Herr Nachbar.« »Man hofft: nein. Man glaubt: nein. Und eines Tages ... Man reizt einander. Beschimpft einander. Sticht mit Nadeln. Wird wütend. Ein Schuß geht los, und schon ...« »Haß ist fehlgeleitete Energie, Herr Nachbar.« »Bitte?« »Ich hab einen Plan. Hören Sie zu. Zwei Staaten ärgern sich bis aufs Blut, ja? Solange, bis es kein Halten mehr gibt. Die Gemüter sind geladen. Die Heere stehen bereit. Die Propeller werden angeworfen. Die Schiffsanker werden hochgewunden. Es ist soweit.« »Ja. Entsetzlich.« »Diesmal ist, sagen wir, die

Wüste Gobi an der Reihe. Oder ein Teil der Sahara. Vom soundsovielten bis zum soundsovielten Längen- und Breitengrad. Oder...« »Wieso?« »Die riesigen Armeen beziehen die nach dem vorigen Krieg bekanntgegebenen Gebiete und greifen mit Millionen Händen zu Hacke und Spaten. Die aufgespeicherte Wut muß sich Luft machen. Der Ehrgeiz, den Gegner zu schlagen, ist ungeheuer. Mit Maschinen und Material aller Art ist man gerüstet. Dafür haben die Kriegsminister und Generalstäbe gesorgt. Man schachtet Kanäle, bewegt die Erde, senkt die Seen oder hebt sie, elektrifiziert, baut Dämme...« »Ja, aber...« »Aber? Sie vergessen die verletzte Ehre, das edle Bedürfnis nach Ruhm, die flammenden Reden der Staatsmänner! Dieser Krieg, auch dieser muß gewonnen werden! Dafür ist kein Opfer zu groß, keine Steuer zu hoch! Der Lorbeer lockt! Das nächste unschuldig weiße Blatt im Buche der Geschichte wartet zitternd auf den Namen des Siegers! Neue Divisionen werden an die Front geworfen! Neue Jahrgänge werden eingezogen! Die goldenen Trauringe, gebt sie her für den Sieg! Noch fehlen uns Bagger und Kraftwerke! Zeichnet Kriegsanleihe!«

Der Herr Nachbar rückt ein wenig beiseite. »Und wer wird zum Sieger erklärt?« »Wer auf diesem Felde der Ehre das ihm zugewiesene Areal am ehesten und besten erschlossen hat.« »Mm.« »Im Jahre 1630 wurde die Erde von vierhundert Millionen Menschen bewohnt. Heute von mehr als zwei Milliarden.« »Trotzdem?« »Trotzdem. Und die Fachleute rechnen mit einem weiteren ständigen Ansteigen bis zu drei Milliarden.« »Das kann ja heiter werden...« »Ja, Herr Nachbar. Sehr heiter.« Er erhebt sich ächzend. »Na denn, – guten Tag.« »Tag, Herr Nachbar.«

Gingko biloba. Stimmt. Die Menschen merken sich, was sie gut und gern vergessen könnten. Und vergessen, was sie sich unbedingt merken sollten...

Juli 1948, ›Neue Zeitung‹

Die Verlobung auf dem Seil

Das Gebiet des Vergnügens unterteilt sich in die unschuldigen Arten und in die Unarten. Warum hier von den unartigen Möglichkeiten nicht die Rede sein soll, liegt auf der Hand – sie sind zu bekannt. Um so verdienstlicher dürfte der Hinweis auf etliche besonders artige Vergnügungsweisen sein, die viel zu wenig im Schwange und darüber hinaus außerordentlich preiswert sind. Die meines Wissens billigste Form des aktiven Behagens ist das Ausdemfenstersehen. Mein Vater zog in jüngeren Jahren dem Ausdemfenstersehen das Aufdembahnhofstehen vor. Später gab er dann dem Ausdemfenstersehen immer unzweideutiger den Vorzug und ist bis zum heutigen Tage dabei geblieben. Gewiß, eines schickt sich nicht für alle. Das Ausdemfenstersehen mag nicht jedermanns Sache sein. Für sanft genüßliche Naturen aber wird es ein unversiegbarer Born reiner Freude bleiben. Die profunden, ausgepichten Kenner und Fachleute beschränken sich übrigens auf die Wohnungsfenster. Sie begnügen sich, als Meister in der Beschränkung, mit dem, was der Zufall und die Notwendigkeit unten auf der Straße vorüberschicken. Andere, weniger gefestigte Temperamente schätzen, im Gegensatz hierzu, das bewegliche Fenster, also den schweifenden Blick aus dem Kutschwagen, der Eisenbahn und dem Automobil. Ihre Fähigkeit des Schauens ist noch nicht so entwickelt wie bei den Anhängern des stationären Fensters. Auch auf diesem Gebiete zeigt sich der zunehmend schädliche Einfluß der Technik auf die echten menschlichen Gaben.

Eine weitere Spielart harmloser Vergnügungen besteht im Lesen der kleinen vermischten Zeitungsnachrichten. Auch hier ließe sich von einem Fenster reden. Von einem Fenster, durch das der Lesende, hingeräkelt und in betulicher Neugierde, den Strom des Alltags, mit seinen Steinpilzen, die drei Kilo wiegen, mit den zweiköpfigen Kälbern und den betrunkenen Einbrechern im Weinkeller, geruhsam vorm inneren Auge vorübergleiten sieht. Diese Art stillen Vergnügens kostet freilich etwas mehr als das Ausdemfenstersehen. Und gerade jetzt, in den ersten Wochen nach der Währungsreform, wird mit gutem Grund gespart und gerechnet. Andrerseits, wer findet schon, wenn er gleich tagelang auf die Straße starrt, Gelegenheit, den Diebstahl einer Atombombe zu erleben oder von einer Trauung zu erfahren, durch die der Ehemann sein eigener Onkel wird! Ich glaube, das Geld ist gut angelegt und das Vergnügen nicht überzahlt. Ich für mein Teil möchte die vermischten Nachrichten nicht missen. Ihre Lektüre stimmt heiter. Ihre Lektüre stimmt nachdenklich. Man liest ein paar Zeilen und spinnt sie aus. Es gibt viel mühsamere Arten, sich zu unterhalten. Und kostspieligere obendrein.

Da lese ich eben in der Zeitung: »Bei der Eröffnungsvorstellung der Camilla Mayer-Schau verlobten sich die bekannten Artisten Gisela Lenort und Siegwart Bach auf dem dreihundert Meter langen und in sechzig Meter Höhe gespannten Seil zum Turm der Dortmunder Reinoldi-Kirche.« Man sitzt, dies lesend, auf dem Balkon, läßt verblüfft das Blatt sinken, blinzelt in die Sonne und überläßt sich den Assoziationen und Gedanken, die wie kleine Wellen den Rand des Bewußtseins bespülen. »Tüchtige junge Leute!« denkt man beispielsweise. »Donnerwetter! Fast ein bißchen zu tüchtig, wie? Und voller Ideen. Neulich konnte man in der Wochenschau denselben Herrn Bach bewundern, wie er, damals noch unverlobt, zwischen einigen Gipfeln des Zugspitzmassivs von Deutschland nach Österreich ging. In zweitausend Meter Höhe und quer durch die leere Luft. Ich erinnere mich des Ereignisses noch genau, weil es, bei aller Sehenswürdigkeit, im Grunde meinen Ordnungssinn empfindlich verletzte. Ich vermißte auf dem Seil die Grenz- und Zollbeamten. Eine so sorglich gehütete Grenze – und nun diese Nachlässigkeit! Außerdem könnten seiltanzende Grenzer und Zöllner ganz gewiß sehr apart wirken! Sich schneidig auf dem Draht wiegend, die Pässe lässig stempelnd, in den Koffern und Balancierstangen nach verfemter Ware wühlend, schnurrbärtige Elfen, Sylphiden in Uniform, pensionsberechtigte Grenzfälle der Menschheit – der Anblick wäre den niedergedrückten Steuerzahlern wahrlich zu gönnen! Nun, es ist nichts vollkommen auf der Welt. Inzwischen macht wenigstens die Camilla-Mayer-Truppe, von Grenzen unbehindert, ihren Weg. Nächstens gehen sie nach Amerika. (Übrigens nicht per Seil.) Drüben wollen sie, was sie zwischen Ruinen und Bergspitzen gelernt haben, über den Cañons der Wolkenkratzerstraßen demonstrieren.

Zuvor haben sich also Gisela Lenort und Siegwart Bach auf dem Seile, über der Stadt Dortmund, verlobt... Wie macht man so etwas? Wenn ich präzisieren sollte, was meiner Meinung nach eine Verlobung ist, käme eine Summe feierlicher und unfeierlicher Handlungen heraus, die ich mir, auch beim besten Willen, sechzig Meter über Dortmund, noch dazu auf dem Seil, ganz einfach nicht vorzustellen wage. Immerhin, die Zeitung meldet's; damit ist die Möglichkeit von Luftverlobungen erwiesen, und ich finde, man sollte diesen neuen Brauch, nach Einholung der Erlaubnis der Militärregierungen, gesetzlich verankern. Verlobungen, die nicht auf dem Seil stattgefunden haben, wären künftig rechtsungültig. Auf diese Weise würden viele unüberlegten Verlobungen vermieden. Eheschließungen, Hochzeitsnächte, Flitterwochen, Kindstaufen, Scheidungsprozesse, Lieferungsabschlüsse, Exportklauseln, Aufbaupläne – aufs Seil, Freunde aufs Seil!

Es ist kein Zufall, daß der Gedanke, unsere Zukunft liege auf dem Seil in der Luft, gerade jetzt und gerade in Deutschland das Licht der modernen Welt erblickt hat. Zwischen den Ruinen Seile, zwischen den Zonen Seile, zwischen den Staaten ringsum Seile, und, auf ihnen balancierend, der neue Menschenschlag! Nietzsches leichtfüßig tänzelnden Übermenschen, da haben wir ihn! Da haben wir's! Von Zarathustra über die Camilla-Mayer-Schau zur neuen, uns gemäßen Existenzform: zum Leben auf dem Seil!«

Solche und ähnliche Gedanken plätschern leise am Rande des Bewußtseins, als es draußen klingelt. Es wird die Zeitung sein. Mit vielen neuen und kleinen vermischten Nachrichten.

Juli 1948, ›Pinguin‹. Das Fazit einer von mir eingeleiteten Umfrage.

Die These von der verlorenen Generation

> Über das Verallgemeinern:
> Niemals richtig.
> Trotzdem wichtig.

Die These, die ich kürzlich in der ›Neuen Zeitung‹ zur Diskussion stellte, lautete so: »In Gesprächen mit Professoren, Eltern und Lehrmeistern taucht immer wieder die Vermutung auf, daß es heute in Deutschland nicht nur *eine* junge Generation gäbe, sondern deren zwei, die sich wesentlich voneinander unterscheiden, die Zwanzigjährigen und die Dreißigjährigen. Und während jene ganz Jungen wißbegierig, fleißig, ehrgeizig und weltoffen wären, verhielten sich die Älteren träge, uninteressiert, nihilistisch, allenfalls broteifrig und strikten Befehlen zugänglich. Daß eine solche Behauptung nicht generell zutreffen kann, versteht sich von selbst. Trotzdem wäre es möglich, daß sie im großen ganzen stimmt.

Es wäre möglich. Doch man weiß es nicht.

Jene Leute nun, welche die These von den beiden jungen Generationen und von deren grundsätzlicher Unterschiedlichkeit vertreten, fügen ihrer Behauptung eine Begründung hinzu. Sie sagen, die Dreißigjährigen seien, seit sie denken könnten, vom Denken ferngehalten und zum bedingungslosen Gehorsam erzogen worden, mit dem sie nun ihren Halt verloren hätten. Damit, daß man ihnen die Scheuklappen weggenommen habe, habe man ihnen im Grunde alles genommen. Seitdem scheuten sie oder schlössen die Augen.

Die heute Zwanzigjährigen und noch Jüngeren seien – um den Vergleich zu wechseln – so spät zwischen die Steine der Befehlsmühlen geraten, daß die Vergangenheit sie nicht zerrieben habe. Falls die These von der Verschiedenheit der zwei jungen Generationen zutreffen sollte, wäre es durchaus möglich, daß auch ihre Begründung im großen ganzen stimmt.

Es wäre möglich. Doch man weiß es nicht.

Man müßte es aber wissen! Man müßte die Frage so gründlich prüfen, wie sich eine derartig subtile Frage überhaupt prüfen läßt. Denn von der Frage hängt die Antwort ab, und von der Antwort weitgehend die deutsche Zukunft. Wer wird denn eines Tages die heutigen Männer der Wirtschaft, der Regierung, der Wissenschaft, der Verwaltung, der Parteien, der Erziehung und der Kunst ablösen? Eben diese Dreißigjährigen, denen nachgesagt wird, daß sie den Anforderungen unserer verworrenen Gegenwart und ihrer Aufgabe nicht gewachsen seien und, leider, gar nicht gewachsen sein könnten! Besteht das schreckliche Wort von der ›verlorenen Generation‹ zu Recht, oder handelt es sich, wie nach dem ersten Weltkrieg, bei mehreren Jahrgängen nur um ›verlorene Jahre‹, die man nachholen muß und aufholen kann? Um Jahre, die man, was hilft's, noch mit Lernen statt mit Lehren, mit Nehmen statt mit Geben ausfüllen muß?

Auch wenn die Pessimisten recht hätten, wäre die Lage nur lebensgefährlich, solange man nicht alles daransetzte, die richtige Diagnose zu stellen. Da es scheint, als habe man bis jetzt keineswegs alles darangesetzt, wird hiermit der Versuch unternommen, Sach- und Menschenkenner um ihre Meinung zu bitten, das heißt, um ihre aus eigener Erfahrung abgeleitete, von Wünschen und Sorgen ungeschminkte Auffassung. Es könnte sein, daß sie damit nicht nur der Jugend einen Dienst erweisen.«

Die Zahl der Erwiderungen entsprach nicht ganz der sonst gewohnten Beteiligung an den Umfragen der in zwei Millionen Exemplaren erscheinenden Zeitung. Der angesprochene und interessierte Kreis war kleiner. Auffallen mußte, daß sich aus der Elternschaft kaum jemand äußerte; denn Eltern waren es vornehmlich gewesen, deren Sorgen und Klagen mich zur öffentlichen Erörterung des Themas bewogen hatten. Doch ihr Schweigen war am Ende nicht allzu unverständlich. Die Gepflogenheit, derartige Zuschriften nur mit dem Namen und der Anschrift des Absenders zu bringen, hatte bestimmt die Eltern abgeschreckt. Ihre Söhne und Töchter wären ihnen für eine allzu öffentliche Beschwerdeführung nicht sonderlich dankbar gewesen. Geantwortet hatten Studenten, Lehrer, Professoren, Ärzte und Schriftsteller.

Schwierigkeiten und Vorteile

Walther von Hollander verwies darauf, daß das Wort von der »verlorenen Generation« nicht neu, sondern für die junge Frontgeneration des ersten Weltkriegs, der er angehört habe, geprägt worden sei. Und er bezeichnet sie kurz entschlossen als besonders glückliche Jahrgänge. »Welch ein ungeheuer menschlicher Vorsprung ist es, daß man unter drei verschiedenen Regierungssystemen lebte, kämpfte und litt. Welche tiefe Einsicht in die Struktur der menschlichen Seele, ihre Wandelbarkeit und Unveränderlichkeit, ihre Anfälligkeit und ihre unüberwindbare Stärke, ihre Güte und ihre Grausamkeit, ihre Feigheit und ihre Tapferkeit wurde uns gegeben! Wieviel haben wir zerbrechen sehen, was ewig schien, und wieviel erwies sich als ewig, was wir für zerbrechlich hielten. Ja, es hat sich gezeigt – diese ›verlorene‹ Generation war und ist vom Schicksal bevorzugt.« Deshalb möchte er den jetzt Dreißigjährigen »von einer allzu großen Klageseligkeit abraten«. Im äußersten Falle »bleibt es dem einzelnen ja immer noch, aus der Schicksalssphäre seiner Generation herauszuwachsen in jene Individualform, die jenseits oder abseits aller Generationen stets gelebt worden ist, und die es immer geben wird«. Hollanders Trostversuch, das Gefährlichleben als seelischen Fortbildungskurs zu interpretieren, fand nicht gerade ungeteilte Zustimmung. Kein Zufall, daß eine junge Frau am unwilligsten reagierte. »Ich fühle mich heftig vom Schicksal benachteiligt, daß ich zusehen mußte, wie so viel Schönes und Unwiederbringliches zerbrach ... Ich schäme mich für die mangelnde Kontinuität, diese erschütternde Unsicherheit und das Fehlen jeder Harmonie, das die letzten fünfzig Jahre Deutschland spiegeln ... Ich beneide und bewundere ein Land wie Amerika, dessen festgefügtes Weltbild seine in hundertfünfzig Jahren kaum angetasteten Standards hat und wo man nach der vernünftigen Devise ›to make meet both ends‹ lebt ... Am meisten erschüttert mich, daß die meisten Deutschen nicht aus den beiden ›Götzendämmerungen‹ gelernt haben ... Fehlt schließlich nur noch der Schicksalsdank, daß wir auch – Hitler erleben durften!«

Neue Eigenschaften

Auch die übrigen Dreißigjährigen glauben nicht an Hollanders Glücksdestillat. Um so entschiedener stimmen sie ihm zu, daß die individuelle Lösung des Problems das Entscheidende sei. Da schreibt einer: »Ich kokettiere nicht mit meiner tragischen Situation. Ich bin nichts weiter als ein junger Mann von dreißig Jahren, der den festen Willen hat, das Bestmögliche aus seinem Leben zu machen.« Ein anderer meint: »Es kommt immer auf die Persönlichkeit an, und wer sich im Rahmen dieses Problems selbst bemitleidet, den sollte man kopfschüttelnd belächeln.«

»Wir haben«, erklärt ein dritter, »wenn man es addieren wollte, sicher ein paar Jahre lang unentwegt exerziert. Wir haben, wenn man's aneinanderreiht, gewiß monatelang Reden gehört, wochenlang mit erhobener Hand gestanden und uns während eines Jahrzehnts sagen lassen, daß wir die Zukunft seien. So schön, wie mancher behauptet, war das ja nun auch nicht!... Sechs Jahre lang wurde scharf auf uns geschossen, und ein halbes Jahr haben wir wohl alle hinter Draht gesessen. Natürlich gab es auch die ältere Generation; sie stellte erstaunlich viele Vorgesetzte: Lehrer, Professoren, Majore und Generale – na ja, und die Gauleiter. Zugegeben, wir sollten nicht so träge sein, so uninteressiert, nihilistisch und broteifrig. Aber daß wir keinen Humor haben, deswegen sollte uns keiner schelten. Zumindest nicht die Älteren.«

Alexander Borelius, ein junger Autor, schreibt: »Es sind in der Tat etwa zehn Jahrgänge. Sie reichen von 1912 bis 1922. Gemeinsam ist ihnen, daß sie 1933, beim Einbruch der großen ideologischen Flut, noch zu jung waren, um vorher schon aus dem Vollen geschöpft zu haben, aber alt genug, um im Laufe der NS-Ära ›eingesetzt‹ zu werden, vorzüglich dann im Krieg.« Drei Eigenschaften seien, meint er, bei den Dreißigjährigen besonders entwickelt. Sie seien völlig unbürgerlich. Sie räumten der Erfahrung das Primat ein. Und sie besäßen eine merkwürdige Vitalität, die auf das Wie des Lebens kaum noch Rücksicht nähme. Diese »verlorene« Generation verhalte sich nicht nihilistisch, sondern »typisch existentiell«, und »man soll sich hüten, beide Begriffe gleichzusetzen. Mag es Menschen geben, die den Bestand der Kultur durch diese

Eigenschaften gefährdet sehen ... Vielleicht haben sie recht. Aber sie sollten zuvörderst bedenken, daß die Erfahrungen, in denen diese Eigenschaften geboren wurden, unmittelbare Folge davon sind, daß die Älteren ihren Standard länger aufrechterhalten haben, als sie es seiner inneren Struktur – seiner kranken Struktur – nach hätten verantworten dürfen.«

Die Meinung der Erfahrenen

Im allgemeinen wird zugegeben, daß die Zwanzig- und die Dreißigjährigen sich beträchtlich unterscheiden, aber der Unterschied wird, nicht zuletzt von den Universitätslehrern, positiver ausgelegt, als es in meiner Ausgangsthese geschehen war. Professor Dr. Werner Wagner, ein Münchner Psychiater, schreibt: »Gegen alles, was sein soll, ist die in Frage gestellte Generation erschreckend mißtrauisch. Von Programmen, die sagen, was sein soll, haben sie übergenug. Sie mögen keinen Enthusiasmus mehr hören. Sie murmeln: Illusionen, Schwindel! ... Alle Parteien scheinen bestürzt, daß es keine Anhänger mehr gibt. Aber das, was den Programmatikern solche Sorgen macht, ist ein Zeichen der Gesundung.« Der Stuttgarter Psychotherapeut Dr. Felix Schottländer urteilt ähnlich: »Ein erstaunlicher Spürsinn für echte menschliche Qualität ist gerade bei den älteren Studierenden, aber auch in den praktischen Berufen überall sehr deutlich zu sehen. Wer laut gepriesene Werte so kläglich hat zusammenbrechen sehen, prüft genau, wen er vor sich hat, und vergleicht aufmerksam das, was geredet wird, mit der Person dessen, der spricht.« Illusionsloser Sinn, realistische Kritik, gesunde Skepsis, echtes Bedürfnis nach höheren Werten – mit diesen Vorzeichen, mit solch günstigen Vorzeichen, werden unsere Dreißigjährigen von den

Kennern ausgestattet. »Es setzt mich immer wieder in Erstaunen«, schreibt Theodor Litt, der Bonner Ordinarius für Philosophie, »zu sehen, wieviel unverbrauchte Bereitschaft des Aufnehmens und Verarbeitens, wieviel Entschlossenheit, es mit diesem verworrenen Leben aufzunehmen, auch bei diesen jungen Menschen anzutreffen ist, denen man in entscheidenden Werdejahren jede Eigenheit des Urteils und jede Selbständigkeit der Entscheidung abzugewöhnen so hartnäckig bemüht war. Messen wir, wie es sich gehört, das tatsächlich Vorhandene an dem billigerweise zu Erwartenden, dann werden wir uns weigern, durch Übernahme der Formel von der ›verlorenen Generation‹ mehrere Jahrgänge der Nachrückenden, deren Mitarbeit uns wahrlich blutnötig ist, unter den Passiva unserer nationalen Lebensbilanz zu buchen.«

Da an der Aufrichtigkeit dieser und anderer auf Erfahrung gegründeten Urteile nicht zu zweifeln ist, dürfen die These von der verlorenen Generation und die damit verknüpften Zukunftsbefürchtungen ad acta gelegt werden. Der Stein, der uns vom Herzen fällt, wiegt schwer. Der Versuch, ein wenig aufzuatmen, macht Mühe. Es gibt noch Steine genug, die uns das Herz abdrücken.

Ein Abgesang und Satyrspiel auf den in großen Teilen mißglückten Versuch, das deutsche Volk zu »entnazifizieren«. Unlösbare Aufgaben sind unlösbar. Man hätte die vorliegende Aufgabe auf gelungene Art nicht lösen können.

Wer fürchtet sich vorm schwarzen Mann?

Es saßen zwei Männer in der Kneipe und haderten lautlos vor sich hin. Die Luft war ihnen zu dick. Das Bier war ihnen zu dünn. Die Mädchen waren ihnen hier zu dünn, dort zu dick, je nachdem. Nichts war den beiden recht, und sie schwiegen derartig, daß es gewissermaßen zum Himmel schrie. Und der Steinhäger war ihnen zu teuer. Es gibt solche Tage. Jeder kennt das. Außerdem war es gar kein Steinhäger.

Wie sie so saßen und maulten, kam der Dritte ins Lokal, hatte etwas Liedähnliches auf den Lippen, klopfte der Wirtin generös aufs Altenteil, warf mit dem Hut nach dem Garderobehaken, setzte sich zu den zweien, musterte ihre dunkelgrüne, portierenschwere Düsternis und wiegte das Haupt. »Ihr leidet«, sagte er, »man sieht es bis auf die Straße. Kopf hoch. Ich will versuchen, euch aufzuheitern. Das bin ich unserer Freundschaft schuldig.« Nachdem er aus dem großen und dem kleinen Glase getrunken hatte, die ihm gebracht worden waren, griff er mit Schwung in die Brusttasche. »Was ihr hier seht«, erklärte er, »ist das Amtsblatt des Hessischen Ministeriums für politische Befreiung, und zwar die Nummer 45 dieser gratis zur Verteilung kommenden periodischen Publikation. Darin wird, mutig und nicht frei von Grazie, eine Frage angeschnitten, die euch gefallen wird. Denn sie lautet: ›Darf ein Minderbelasteter als Bezirksschornstein-

fegermeister tätig sein?‹ Nun, ihr Lieben, will sich einer von euch sachdienlich zu dem Thema äußern?«
»So leicht bringst du uns nicht zum Lachen«, knurrte der Erste. Und der Zweite sagte: »Wenn ich darauf eingehe, so eigentlich nur, um nicht ungefällig zu erscheinen. Bevor ich freilich meinen Scharfsinn spielen lasse, drängt es mich zu erfahren, was Bezirksschornsteine sind.«
»Markiere, bitte, nicht den Begriffsstutzer!« erwiderte der Dritte. »Ein Bezirksschornsteinfegermeister fegt nicht Bezirksschornsteine, sondern die Schornsteine seines Bezirks. Aber er übt, und das behaltet im Auge, nicht nur dieses Gewerbe aus. Das tun schließlich alle Schornsteinfegermeister, keineswegs nur die Bezirksschornsteinfegermeister. Nein, er ist obendrein – und zwar nach § 27, Absatz 1, der Verordnung über das Schornsteinfegerwesen vom 28. 7. 1937 – Feuerstättenbeschauer. Versteht ihr?«
»Mitnichten«, antwortete der Erste. »Feuerstättenbeschauer waren wir schließlich mehrere Jahre alle miteinander. Das ist nichts Besonderes.« »Anno 1937 war's aber noch keine obligatorische Beschäftigung. Es muß was anderes bedeuten«, entgegnete der Zweite. »Tut's ja auch«, sagte der Dritte. »Feuerstätten, die vom Bezirksschornsteinfegermeister beschaut werden, sind im vorliegenden Falle brennende Öfen und Kamine, nicht Häuser, Straßenzüge und Stadtviertel!« »Meine Feuerstätte«, meinte der Erste, »hat noch nie jemand betrachtet, beziehungsweise beschaut.« »Kein Wunder«, bemerkte der Zweite ziemlich bitter. »Unsere Öfen waren in den letzten Wintern keine Feuerstätten im eben definierten Sinne.« Der Dritte klopfte ärgerlich auf den Tisch. »Müßt ihr denn immer gleich persönlich werden und euch damit den erforderlichen Weitblick verderben? Daß es keine Kohlen gab ...«
»Es gab Kohlen«, stellte der Erste ruhig fest, »nur für

uns gab's keine. Darüber hilft kein Weitblick weg.«
»Ruhe!« rief der Dritte. »Der Bezirksschornsteinfegermeister in seiner Eigenschaft als Feuerstättenbeschauer...« »So ein Quatsch!« konstatierte der Zweite. »Das einzige, was diese schwarzen Männer tun, ist, daß sie von Zeit zu Zeit jemanden mit einem Stückchen Kreide schicken, und der schreibt dann ›Montag kehren!‹ auf eine Treppenstufe. Mehr ist mir nicht bekannt. Nicht von Bezirksschornsteinfegermeistern und nicht von Feuerstättenbeschauern.« »Meiner unmaßgeblichen Meinung nach«, höhnte der Erste, »ist der ganze Beruf eine bloße Erfindung. Ein luftiges Spiel der Göttin Phantasie. Schornsteinfeger sollen Glück bringen, wenn man sie trifft. Man trifft sie nie. Es gibt sie gar nicht. Die Leute, die zu Silvester rußgeschwärzt, mit rosigen Ferkeln im Arm, Trinkgelder kassieren, sind geschäftstüchtige Masken.«

Der Dritte knirschte leicht mit den Zähnen. »So kommen wir nicht weiter. Hört gefälligst zu! Belehrt euch! Staunt! Als Gewerbetreibender gehört der Bezirksschornsteinfegermeister dem Handwerk an. Als Feuerstättenbeschauer hingegen ist er ein Beauftragter der Polizeibehörde. Das müßt ihr festhalten. Sehr fest sogar. Sonst versteht ihr weder das Problem, noch seine Feinheiten. In seiner Eigenschaft als Handwerker dürfte der minderbelastete Bezirksschornsteinfegermeister während seiner ihm auferlegten Bewährungsfrist kehren und fegen, so viel er will. Denn er ist ein Kleinbetrieb und beschäftigt nur wenige Arbeitnehmer. In seiner Eigenschaft als Feuerstättenbeschauer, mithin als Beauftragter der Polizeibehörde, könnte er nun aber für einen Beamten oder etwas Ähnliches gelten, – und dann und insofern dürfte er *nicht!*«

»Noch ein Dünnbier!« rief der Erste zur Theke hinüber. Der Dritte ließ sich nicht beirren. »Da der Feuerstättenbeschauer jedoch von der Polizeibehörde keine

Vergütung erhält, ändert sich das schwankende Bild von neuem. Er nimmt, laut Amtsblatt, eine ähnliche Stellung wie ein Notar insoweit ein, als er auf Gebühren angewiesen ist und seine Angestellten zu bezahlen hat.« »Das nenne ich Logik!« sagte der Zweite mürrisch. »Genausogut kannst du behaupten, daß der Hund am Baum eine ähnliche Stellung einnimmt wie der Flamingo im Teich, insoweit beide Tiere eines ihrer Beine hochhalten.« »Dein Vergleich ist reichlich abgeschmackt«, mäkelte der Dritte. »Außerdem darf man, laut Amtsblatt, nicht übersehen, daß der Bezirksschornsteinfegermeister eben doch, im Gegensatz zum Notar, kein ganz richtiger Beamter ist. Denn in der Präambel zur Verordnung über das Schornsteinfegerwesen wird geäußert, der Bezirksschornsteinfegermeister sei zwar der Aufsicht und der Ordnungsstrafgewalt einer Behörde unterstellt, habe aber trotzdem nicht Beamteneigenschaft.« »Das wäre ja auch noch schöner«, meinte der Erste. »Wenn sämtliche Menschen, die der Aufsicht und Strafgewalt einer Behörde ausgeliefert sind, schon deswegen Beamteneigenschaft hätten, gäb's ja überhaupt nur noch Beamte auf der Welt!«

Der Dritte wurde giftig. »Haltet lieber den Mund!« eiferte er. »Ihr sollt nicht den Mund aufsperren, sondern die Ohren! Also, soweit der Bezirksschornsteinfegermeister als Feuerstättenbeschauer Beauftragter der Polizeibehörde ist, liegt ein öffentlich-rechtliches Auftragsverhältnis vor. Dieses ähnelt der Stellung eines Beauftragten im Sinne des § 662 BGB, der durch einen solchen Auftrag von seiner Selbständigkeit nichts einbüßt. Kurz und gut, der Mann darf arbeiten!« »Na, Gott sei Dank!« »Es sei denn, man berufe sich auf § 47, Ziffer 10 der Verordnung über das Schornsteinfegerwesen aus dem Jahre 1937, wonach die Bestellung eines Bezirksschornsteinfegermeisters zu widerrufen ist, wenn Tatsachen vorliegen, die seine politische Unzuverlässigkeit erweisen.«

»Entschuldigung«, murmelte der Erste, »aber mir wird, glaube ich, übel«, und er sank im Zeitlupentempo in sich zusammen. »Und das Resultat all dieser Erwägungen?« fuhr der Dritte unerbittlich fort. »Es liegt kein gesetzliches Tätigkeitsverbot für minderbelastete Bezirksschornsteinfegermeister vor. Doch hat die Aufsichtsbehörde die Möglichkeit, einem solchen die Tätigkeit durch Widerruf oder Versagung der Bestellung unmöglich zu machen!« Da kippte auch der Zweite ohnmächtig um. Sein Kopf sah aus wie feinstes Lübecker Marzipan.

Der Dritte bestellte drei zweistöckige Steinhäger. »Falls die beiden sich nicht wieder erholen sollten«, vertraute er der Wirtin an, »trinke ich die drei Gläser allein.« Hierauf rappelten sich der Erste und der Zweite wieder hoch, mit ihrer letzten Kraft, als hätten sie Angst, zum Jüngsten Gericht zu spät zu kommen, und setzten sich hin, wie sich's gehört. »*Du* hast Nerven!« erklärte der Erste. Und der Zweite fragte: »Aufheitern nennst du das?« »Ihr habt keinen Sinn für Humor«, sagte der Dritte, »und für die Finessen der Gerechtigkeit schon gar nicht. Prosit!« Sie tranken ihre zweistöckigen Steinhäger, schüttelten sich, machten »Brrr!« und wollten das Thema wechseln.

Doch da mischte sich der Herr Schikaneder, der am Nebentische saß, ins Gespräch. »Ihre Schornsteinfegergeschichte war soweit ganz nett«, meinte er, »aber meine Straßenkehrergeschichte ist besser.« Und ohne recht um Erlaubnis zu fragen, fuhr er fort: »Es kehrte jemand die Straße, und ein anderer, der ihm gedankenvoll zuschaute, fragte: ›Ein gelernter Straßenkehrer sind Sie wohl nicht?‹ ›Nein‹, erwiderte der Mann, ›ich tu's zur Strafe.‹ ›Warum denn?‹ ›Weil ich in der Partei war.‹ Der andere nahm ihm wortlos den Besen aus der

Hand und fegte die Straße mit einer Sachkunde, daß es eine wahre Lust und Wonne war. ›Alle Wetter!‹ rief der Mann, ›Sie *sind* aber vom Fach!‹ ›Jawohl‹, antwortete der andere, ›doch ich darf nicht.‹ ›Warum denn?‹ ›Zur Strafe! Weil ich in der Partei war.‹« Herr Schikaneder rieb sich die Hände. »Ist das eine schöne Geschichte?«

»Vor allem ist sie kürzer«, erklärte der Dritte und bestellte vier doppelte Steinhäger. Obwohl es gar kein Steinhäger war.

August 1948, ›Neue Zeitung‹. Diese Glosse ergänzt den vorangegangenen Beitrag. Es handelt sich um die Kehrseite der Medaille.

Wahres Geschichtchen

Voraussetzungen, die eine zwingende Schlußfolgerung zulassen, nennt man, wie jeder Mittelschüler in und außer Dienst gern bestätigen wird, Prämissen. Die folgende wahre Geschichte hat der Prämissen zwei. Erstens: Kunst und Wirklichkeit sind in der Lage, die seltsamsten chemischen Verbindungen einzugehen. Zweitens: Die Tiroler sind lustig. Das Subjekt der zweiten Prämisse ließe sich beliebig erweitern. Aber im vorliegenden Falle, den mir eine uns allen bekannte Schauspielerin erzählte, handelt sich's nun einmal um die Tiroler. Wahre Geschichten soll man nicht durch Phantasie – zehn Tropfen auf einen Liter Tatsachen – verwässern. Was ich hier erzähle, ist die ungepanschte Wahrheit.

Neulich – im Jahre 1948 – drehte man in Tirol einen Film. Der Film war, wie sich das gehört, »zeitnahe«. Weil der Film zeitnah war, das heißt: weil er im Dritten Reich spielte, brauchte man etliche SS-Männer. Weil es keine echten SS-Männer mehr gibt und weil zu wenig echte Schauspieler zur Hand waren, suchte der Regisseur unter den männlichen Dorfschönen die acht Schönsten, Herrlichsten, Athletischsten, Größten, Gesündesten, Männlichsten aus, ließ ihnen vom Kostümfritzen prächtige schwarze Uniformen schneidern und benutzte beide, die Schönen und die Uniformen, für seine Außenaufnahmen. Er war mit beiden recht zufrieden. Die Alpenbewohner haben ja einen natürlichen Hang zur, sagen wir, Schauspielerei. Die Rauhnächte, das jesuitische Barocktheater, die Bauernbühnen – die Lust am Sichverstellen und die Fähigkeit dazu, es liegt den Leuten im Blut.

In einer Drehpause, vielleicht waren zuviel oder zuwenig Wolken am Himmel, schritten nun die acht falschen SS-Männer fürbaß zum Wirtshaus. Tiroler Landwein ist etwas sehr Hübsches. Die Filmgage auch. Die Acht sahen gewisse Möglichkeiten. Indes sie so schritten, kam ihnen der Autobus entgegen, der dort oben im Gebirg den Verkehr und die Zivilisation aufrechterhält. Und weil die Tiroler so lustig sind, stellten sich unsere acht SS-Männer dem Vehikel in den Weg. Der Bus hielt. Einer der Acht riß die Wagentür auf und brüllte: »Alles aussteigen!« Und ein zweiter sagte, während er die zitternd herauskletternden Fahrgäste musterte: »Da samma wieda!« Ich weiß nicht, ob ich bei diesem Satz die richtige phonetische Schreibweise anwende. Auf alle Fälle wollte der Zweite zum Ausdruck bringen, daß nunmehr die SS und das Dritte Reich wiedergekehrt seien.

Es geht nichts über den angeborenen Trieb, sich zu verstellen, und die diesem Trieb adäquate Begabung. Die Fahrgäste schlotterten vor soviel Echtheit, daß man's förmlich hören konnte. Die Acht begannen, barsche Fragen zu stellen, Brieftaschen zu betrachten und die Pässe zu visitieren. Tirol gehört ja zu Österreich, und in Österreich hat man bekanntlich schon wieder Pässe. Während die Acht nun ihre schauspielerische Bravour vorbildlich zum besten gaben, kam der Herr Regisseur des Wegs, sah den Unfug, rief seine Film-SS zur Ordnung, schickte sie ins Wirtshaus und entschuldigte sich zirka tausendmal bei den blaßgewordenen Reisenden, die nervös und schnatternd auf der Landstraße herumstanden.

Bei einem der Fahrgäste mußte sich der Regisseur

sogar drinnen im Omnibus entschuldigen. Es war ein alter, kränklicher Herr, dieser letzte Fahrgast. Er hatte vor Schreck nicht aussteigen können. Er stammte aus der Gegend. Er war das gewesen, was man heutzutage einen »Gegner des Dritten Reiches« nennt. Er hatte das seinerzeit gelegentlich zum Ausdruck gebracht und infolgedessen mit der SS Bekanntschaft machen müssen. Nun saß er also, bleich wie der Tod, in der Ecke, unfähig, sich zu rühren, stumm, entsetzt, ein Bild des Jammers. »Aber, lieber Herr«, sagte der Filmregisseur, »beruhigen Sie sich doch, bittschön. Wir drehen einen zeitnahen Film, wissen Sie. Dazu braucht man SS-Männer. Die Szene, die Sie eben erlebt haben, hat weder mit dem Film noch mit der Wirklichkeit etwas zu tun. Es war eine Lausbüberei, nichts weiter. Die Buam sind Lausbuam, und Jugend hat keine Tugend, und nehmen Sie's doch nicht so tragisch. Es sind harmlose, muntere Skilehrer und Hirten aus dem Dorf hier!«

Da schüttelte der alte Herr den Kopf und sagte leise: »Ich habe in dieser Gegend mit der SS öfter zu tun gehabt, Herr Regisseur. Sie haben gut ausgewählt, Herr Regisseur. Es sind ... *dieselben!*«

Herbst 1948, ›Schaubude‹

Trostlied im Konjunktiv

Wär ich ein Baum, stünd ich droben am Wald.
Trüg Wolke und Stern in den grünen Haaren.
Wäre mit meinen dreihundert Jahren
noch gar nicht sehr alt.

Wildtauben grüben den Kopf untern Flügel.
Kriege ritten und klirrten im Trab
querfeldein und über die Hügel
ins offene Grab.

Humpelten Hunger vorüber und Seuche.
Kämen und schmölzen wie Ostern und Schnee.
Läg ein Pärchen versteckt im Gesträuche
und tät sich süß weh.

Klängen vom Dorf her die Kirmesgeigen.
Ameisen brächten die Ernte ein.
Hinge ein Toter in meinen Zweigen
und schwänge das Bein.

Spränge die Flut und ersäufte die Täler.
Wüchse Vergißmeinnicht zärtlich am Bach.
Alles verginge wie Täuschung und Fehler
und Rauch überm Dach.

Wär ich ein Baum, stünd ich droben am Wald.
Trüg Sonne und Mond in den grünen Haaren.
Wäre mit meinen dreihundert Jahren
nicht jung und nicht alt ...

Bücher
von Erich Kästner

Als ich ein kleiner Junge war
Bei Durchsicht meiner Bücher
Doktor Erich Kästners
lyrische Hausapotheke
Drei Männer im Schnee
Die dreizehn Monate
Fabian
Gesang zwischen den Stühlen
Herz auf Taille
Die kleine Freiheit
Der kleine Grenzverkehr
Kurz und bündig
Lärm im Spiegel
Ein Mann gibt Auskunft
Notabene 45
Die Schule der Diktatoren
Der tägliche Kram
Die verschwundene Miniatur
Der Zauberlehrling

ATRIUM VERLAG
ZÜRICH

Erich Kästner im dtv

»Erich Kästner ist ein Humorist in Versen, ein gereimter Satiriker, ein spiegelnder, figurenreicher, mit allen Dimensionen spielender Ironiker ... ein Schelm und Schalk voller Melancholien.«
Hermann Kesten

Doktor Erich Kästners Lyrische Hausapotheke
dtv 11001

Bei Durchsicht meiner Bücher
Gedichte · dtv 11002

Herz auf Taille
Gedichte · dtv 11003

Lärm im Spiegel
Gedichte · dtv 11004

Ein Mann gibt Auskunft
dtv 11005

Fabian
Die Geschichte eines Moralisten
dtv 11006

Gesang zwischen den Stühlen
Gedichte · dtv 11007

Drei Männer im Schnee
dtv 11008

Die verschwundene Miniatur
dtv 11009 und
dtv großdruck 25034

Der kleine Grenzverkehr
dtv 11010

Die kleine Freiheit
Chansons und Prosa
1949–1952
dtv 11012

Kurz und bündig
Epigramme
dtv 11013

Die 13 Monate
Gedichte · dtv 11014

Die Schule der Diktatoren
Eine Komödie
dtv 11015

Notabene 45
Ein Tagebuch
dtv 11016

**Ingo Tornow
Erich Kästner und der Film**
dtv 12611

Das Erich Kästner Lesebuch
Hrsg. von Sylvia List
dtv 12618

Klassische Autoren
in dtv-Gesamtausgaben

Georg Büchner
Werke und Briefe
Münchner Ausgabe
Herausgegeben von
Karl Pörnbacher,
Gerhard Schaub,
Hans-Joachim Simm
und Edda Ziegler
dtv 12374

Annette von
Droste-Hülshoff
Sämtliche Briefe
Historisch-kritische
Ausgabe
Herausgegeben von
Winfried Woesler
dtv 2416

Peter Johann Eckermann
Gespräche mit Goethe
dtv 12682

Johann Wolfgang von
Goethe
Werke
Hamburger Ausgabe
in 14 Bänden
dtv 59038

**Goethes Briefe und
Briefe an Goethe**
Hamburger Ausgabe
in 6 Bänden
dtv 5917

Goethes Gespräche
Biedermannsche Ausgabe
Ergänzt und herausgegeben
von Wolfgang Herwig
dtv 59039

Ferdinand Gregorovius
**Geschichte der Stadt
Rom im Mittelalter
Vom V. bis XVI. Jahrhundert**
Vollständige Ausgabe in
7 Bänden · dtv 5960

Sören Kierkegaard
Entweder – Oder
Deutsche Übersetzung von
Heinrich Fauteck
dtv 30134

Heinrich von Kleist
**Sämtliche Werke und
Briefe in zwei Bänden**
Herausgegeben von
Helmut Sembdner
dtv 5925

Jean de La Fontaine
Sämtliche Fabeln
Mit 255 Illustrationen
von Grandville · dtv 2353

Stéphane Mallarmé
Sämtliche Dichtungen
Französisch und deutsch
dtv 2374

Klassische Autoren
in dtv-Gesamtausgaben

Sophie Mereau-Brentano
Liebe und allenthalben Liebe
Werke und autobiographische Schriften
Herausgegeben, ausgewählt und kommentiert von Katharina von Hammerstein
3 Bände im Schuber
dtv 59032

Theodor Mommsen
Römische Geschichte
Vollständige Ausgabe
in 8 Bänden
dtv 5955

Friedrich Nietzsche
Sämtliche Werke
Kritische Studienausgabe
in 15 Bänden
Herausgegeben von
Giorgio Colli und
Mazzino Montinari
dtv/de Gruyter 5977

Sämtliche Briefe
Kritische Studienausgabe
in 8 Bänden
Herausgegeben von
Giorgio Colli und
Mazzino Montinari
dtv/de Gruyter 5922

**Frühe Schriften
1854–1869**
BAW 1-5
Reprint in 5 Bänden
Kassettenausgabe
Nachdruck der Ausgabe
Friedrich Nietzsche:
Werke und Briefe
Historisch-kritische
Gesamtausgabe
dtv 59022

Arthur Rimbaud
Sämtliche Dichtungen
Zweisprachige Ausgabe
Aus dem Französischen
übersetzt und mit einem
Nachwort versehen von
Thomas Eichhorn
dtv 2399

Georg Trakl
Das dichterische Werk
Auf Grund der historisch-kritischen Ausgabe von
Walther Killy und
Hans Szklenar
dtv 12496

François Villon
Sämtliche Werke
Französisch und deutsch
Herausgegeben und übersetzt von Carl Fischer
dtv 2304

Johann Wolfgang von Goethe
im dtv

Die Wahlverwandtschaften
dtv 2067
Buch zum Film dtv 8401

Faust
Erster und zweiter Teil
dtv 12400

Die Leiden des jungen Werther
dtv 12401

Italienische Reise
dtv 12402

Wilhelm Meisters Lehrjahre
dtv 12404

Aller Anfang ist heiter
Ein Goethe-Brevier
Von Heinz Friedrich
dtv 12678

Venetianische Epigramme
Mit 12 Radierungen von
Wilhelm M. Busch
dtv 12679

Peter Johann Eckermann
Gespräche mit Goethe
Hrsg. von Ernst Beutler
dtv 12682

Werke
Hamburger Ausgabe
in 14 Bänden
Hrsg. von Erich Trunz
dtv 59038

Goethes Briefe und Briefe an Goethe
Hamburger Ausgabe in
6 Bänden
Herausgegeben von
Karl Robert Mandelkow
und Bodo Morawe
dtv 5917

Goethes Gespräche
Biedermannsche Ausgabe
Auf Grund der Ausgabe
von Flodoard Freiherrn
von Biedermann
Ergänzt und herausgegeben von Wolfgang Herwig
Fünf Bände in sechs
Teilbänden
dtv 59039

**Goethes Werke
Nachtragsbände zur
Weimarer Ausgabe**
IV. Abteilung Briefe
Hrsg. von Paul Raabe
3 Bände · dtv 5911
gebunden: dtv 6131–6133

dtv

Heinrich von Kleist im dtv

»Was er mit unbeweglicher Miene vorbringt, sind Neuigkeiten, unerhört; die Spannung, in der sie den Leser halten, hat etwas unheimlich Spezifisches.«
Thomas Mann über Heinrich von Kleist

Sämtliche Werke und Briefe
in zwei Bänden
Herausgegeben von
Helmut Sembdner
dtv 5925

**Sämtliche Erzählungen
und Anekdoten**
Herausgegeben von
Helmut Sembdner
dtv 12493

**Heinrich von Kleists
Lebensspuren**
Dokumente und Berichte
der Zeitgenossen
Herausgegeben von
Helmut Sembdner
dtv 2391

**Heinrich von Kleists
Nachruhm**
Eine Wirkungsgeschichte
in Dokumenten
Herausgegeben von
Helmut Sembdner
dtv 2414

dtv

Alfred Döblin

»Wer Döblin liest, wird reich...«
Wolfgang Minaty

Amazonas
Romantrilogie
dtv 2434

**Babylonische Wandrung
oder Hochmut kommt
vor dem Fall**
dtv 12370

Berlin Alexanderplatz
Die Geschichte vom
Franz Biberkopf
dtv 295

Briefe
dtv 2444

Unser Dasein
dtv 2431

**Die Ermordung einer
Butterblume**
dtv 12534

Drama, Hörspiel, Film
dtv 2443

**Hamlet oder Die lange
Nacht nimmt ein Ende**
Roman
dtv 2442

Manas
Epische Dichtung
dtv 2429

**Der deutsche Maskenball
von Linke Poot / Wissen
und Verändern!**
dtv 2426

**Der unsterbliche Mensch
Der Kampf mit dem
Engel**
Religionsgespräche
dtv 2440

November 1918
Eine deutsche Revolution
Kassettenausgabe in
4 Bänden
Band 1: **Bürger und
Soldaten**
Band 2: **Verratenes Volk**
Band 3: **Heimkehr der
Fronttruppen**
Band 4: **Karl und Rosa**
dtv 59030

dtv

Alfred Döblin

Der Oberst und der Dichter oder Das menschliche Herz / Die Pilgerin Aetheria
Zwei Erzählungen
dtv 2439

Pardon wird nicht gegeben
dtv 2433

Reise in Polen
dtv 2428

Jagende Rosse / Der schwarze Vorhang und andere frühe Erzählwerke
dtv 2421

Schicksalsreise
Bericht und Bekenntnis
dtv 12225

Schriften zu jüdischen Fragen
dtv 12454

Zwei Seelen in einer Brust
Schriften zu Leben und Werk
dtv 2445

Die drei Sprünge des Wang-lun
Chinesischer Roman
dtv 2423

Der Überfall auf Chao-lao-sü
Erzählungen aus fünf Jahrzehnten
dtv 10005

Wadzeks Kampf mit der Dampfturbine
Roman
dtv 2424

Wallenstein
Roman
dtv 2425

dtv